Harper
Collins

»Wir Pflegerinnen und Pfleger stellen nichts her, wir bewahren nur: Leben. Unser Beitrag zum Wirtschaftswachstum beträgt null Komma nichts. Alles, was wir tun, ist, Kranke und Hochbetagte zu unterstützen. Das ist unbezahlbar!«

Nina Böhmer, Jahrgang 1992, ist in Brandenburg geboren und aufgewachsen. Nach der Schule machte sie ihren Abschluss als staatlich anerkannte Sozialassistentin, im Anschluss folgte eine Ausbildung zur Pflegehelferin. Danach war sie für einen Pflegedienst tätig, u. a. ein Jahr lang in einer Wohngemeinschaft für Senioren. 2012 begann sie ihre Ausbildung zur Gesundheits- und Krankenpflegerin. Seitdem arbeitet sie in Berliner Krankenhäusern. Nina Böhmer wusste schon als Kind, dass sie einmal einen Beruf ausüben wollte, mit dem sie Menschen hilft. Heute wünscht sie sich nichts mehr, als dass der Staat sich stärker für das Gesundheitssystem und ihren Berufsstand einsetzt.

Einer breiteren Öffentlichkeit bekannt wurde sie durch ihre Wutbotschaft »Euren Applaus könnt ihr euch sonst wohin stecken«, die sie am 23. März 2020 auf Facebook veröffentlichte.

NINA BÖHMER

»Euren Applaus könnt ihr euch sonst wohin stecken«

Pflegenotstand, Materialmangel, Zeitnot –
was alles in unserem Gesundheitssystem schiefläuft

Harper
Collins

HarperCollins

1. Auflage: Juli 2020
Originalausgabe
© 2020 by HarperCollins
in der HarperCollins Germany GmbH, Hamburg
Umschlaggestaltung: FAVORITBUERO, München
Umschlagabbildungen: © privat, TheBlvckWolf / shutterstock
Satz: GGP Media GmbH, Pößneck
Printed in Germany
Dieses Buch wurde auf FSC®-zertifiziertem Papier gedruckt.
ISBN 978-3-7499-0092-3

www.harpercollins.de

Werden Sie Fan von HarperCollins Germany auf Facebook!

INHALT

1

MEINE WUTBOTSCHAFT

Im Dezember 2019 hörte ich zum ersten Mal von einer neuartigen Viruserkrankung in China, die hier bei uns zuerst gar nicht so richtig ernstgenommen wurde, aber sich bald in rasendem Tempo in der ganzen Welt ausbreitete. Für mich ist China unendlich weit weg. Ich käme nie auf die Idee, das Land zu besuchen, eben weil es gefühlte Lichtjahre entfernt liegt. Ich mag keine Langstreckenflüge, stundenlang dicht an dicht mit ein paar Hundert wildfremden Menschen in einem Flugzeug zu sitzen, ist echt nicht mein Ding. Ich, die Krankenschwester, habe dann immer die Sorge, krank zu werden, mich bei irgendeinem Passagier anzustecken. Hustet jemand in meiner Nähe, halte ich mir ganz schnell etwas vor meine Nase und meinen Mund und versuche, die Luft ungefähr eine Minute lang anzuhalten.

Ich habe mal gelesen, dass Meghan Markle, die Ehefrau von Prinz Harry, sich eine besondere, angeblich antiseptische Creme in die Nase schmiert, um sich vor Bakterien und Viren zu schützen, damit sie nicht so schnell krank wird, wenn sie im Flugzeug unterwegs ist. Die Creme hätte ich auch gerne, dachte ich, als ich den Artikel las, und versuchte, sie für mich zu besorgen. Aber vergeblich. Sie bleibt das Geheimnis von Meghan Markle.

Dass ich trotzdem viel Zeit in der Luft verbringe, liegt an Sam. Mein Freund ist Brite und lebt in England. Für ihn fliege ich mindestens einmal im Monat nach Bristol. Fernbeziehungen heißen schließlich nicht umsonst Fernbeziehungen. 2019 bin ich dreißig Mal geflogen, um mit Sam zusammen zu sein – nur ein einziges Mal war ich wirklich krank. Mein Immunsystem war eine Zeit lang nicht besonders gut. Irgendwann muss es besser geworden sein. Ich bin jedenfalls nicht mehr so anfällig wie früher.

Ich weiß nicht mehr, wann genau es losging, aber die Lage in China spitzte sich zu. Immer mehr Menschen infizierten sich mit dem Coronavirus, das nun offiziell SARS-CoV-2 genannt wurde. Bald sprach jeder darüber, die deutschen Medien waren voll davon. Man hörte von einem Arzt im chinesischen Wuhan, der vergeblich vor der neuen Lungenkrankheit Covid-19 – die 19 bezieht sich auf das Entdeckungsjahr 2019 – warnte und bald selbst daran starb. Später wurde er als Held gefeiert, weil er es gewagt hatte, seine Kritik an der chinesischen Regierung, alles zu vertuschen, öffentlich zu äußern. Man hörte Dinge wie, dass das Virus in einem Labor gezüchtet und mit Absicht auf die Menschheit losgelassen worden sei. Aber immer noch machte ich mir kaum Gedanken darüber, denn China war ja weiterhin weit weg.

Am 15. Februar kam Sam zu Besuch. Ich wartete auf dem Berliner Flughafen Schönefeld am Gate D auf ihn. Viele Leute standen um mich herum und ein Mann lief durch die Menge und hustete und hustete, ohne sich die Hand vor den Mund zu halten. Immer wieder musste ich ihm ausweichen. Ich regte mich unglaublich über ihn auf, denn es ist – unabhängig von Corona – unanständig und unglaublich fahrlässig, sich so zu verhalten. Endlich erschien Sam, ich begrüßte ihn mit einem Kuss und einer Umarmung und erzählte ihm sofort von dem Kerl und seiner Husterei, über den ich mich immer noch ärgerte. Im gleichen Atemzug erzählte mir mein Freund, dass auf seiner Arbeit – er ist als Handwerker beim Militär beschäftigt – ein Soldat positiv auf das Coronavirus getestet worden war. Plötzlich war China nicht mehr ganz so weit weg. Ich fühlte mich sofort leicht unwohl und fragte Sam, ob er selbst irgendwelche Symptome hätte. Er lachte und sagte: Nein. Dort, wo er seinem Beruf nachgehe, seien vielleicht 10 000 Leute beschäftigt und er hätte zu dem Infizierten nie Kontakt gehabt. Also war das Ansteckungsrisiko minimal. Ich beruhigte mich und schob den Gedanken, mein Freund könnte das Coronavirus in sich tragen, schnell wieder weg. Zumal ich eh dachte, die ganze Sache mit der Corona-Gefahr sei übertrieben – aber im Hinterkopf blieb ein ungutes Gefühl.

Dieses ungute Gefühl galt nicht mir, denn ich glaube, ich würde ein Sars-Virus gut wegstecken. Vielmehr dachte ich an Sam, der an Asthma leidet, und das so stark, dass er oft Salbutamol, ein Spray, benutzen muss. Und ich erinnerte mich an ein Erlebnis, das mir noch immer in den Knochen steckte. Im Mai 2019 fuhren wir mit der Fähre von Frankreich nach England. Sam kränkelte schon am Morgen. Als wir abends in Brighton ankamen, bekam er kaum mehr Luft und ich machte mir große Sorgen. Er benutzte das Spray fast jede Minute, dennoch wirkte seine Atmung so angestrengt, dass ich am liebsten gleich mit ihm zu einem Arzt gefahren wäre. Wir mussten aber noch von Brighton nach Swindon fahren. Das sind zweieinhalb Stunden mit dem Auto. Obwohl ich noch nie in England am Steuer eines Autos gesessen hatte, bot ich ihm an zu fahren. Mein Freund lehnte ab und wurde sauer. Er wollte – aus Sorge um mich – unbedingt noch nach Swindon für den Fall, dass er ins Krankenhaus müsste. Dann könnte ich in seinem Haus bleiben, statt – so war seine Befürchtung – im teuren Brighton irgendwo unterkommen zu müssen.

Die Fahrt war der blanke Horror. Sams Atmung war so schlecht, dass ich ihm eine Prednisolon-Tablette, ein entzündungshemmendes und antiallergisch wirkendes Kortisonmittel, gab, weil das Spray allein nicht mehr half. Bis heute weiß ich nicht, wie er es geschafft hat, in diesem Zustand zweieinhalb Stunden Auto zu fahren – doch irgendwann kamen wir tatsächlich unfallfrei in Swindon an. Der Albtraum war damit aber leider noch nicht vorbei. In dem Moment, als Sam die Haustür von innen zuschloss, geriet er in Panik. Ich konnte es in seinem Gesicht sehen. Er schrie mich an, ich solle ihm helfen und ihm das Spray geben. Sam war so panisch, dass er mir nicht zuhörte und ich ihn nicht ansatzweise beruhigen konnte, weshalb auch ich ihn nun anbrüllte, er solle sich hinsetzen und ruhig atmen. Plötzlich liefen seine Lippen blau an und mir war klar, dass er tatsächlich keine Luft mehr bekam. Ich rief den Notarzt. Es dauerte nicht lange, bis der Krankenwagen da war, aber für mich zogen sich die paar Minuten wie Kaugummi dahin.

Zu den Rettungskräften gehörte eine Frau. Noch immer frage ich mich, welchen Job die Dame hatte, ob sie Ärztin oder

Rettungsassistentin war. Sicher wusste ich jedoch: Ich mochte sie nicht besonders. Mein Freund erzählte ihr, ich sei Krankenschwester in Deutschland, doch besonders beeindruckt schien sie davon nicht, was für mich nichts Neues war. Sie entschied, Sam ins Krankenhaus zu bringen, denn all ihre Versuche, ihm mit Medikamenten und Sauerstoffgabe zu helfen, brachten nichts. Ich war unglaublich müde, da wir schon beinahe 24 Stunden ununterbrochen wach waren. Trotzdem wollte ich nicht schlafen, ich machte mir große Sorgen um Sam. Mehrere Pflegekräfte kümmerten sich um ihn.

Sams Sauerstoffsättigung betrug unter 90 Prozent. Normal sind 94 bis 99. Die Prozentzahl gibt den Hämoglobinanteil an, der mit Sauerstoff beladen ist. Hämoglobin ist im Blut dafür verantwortlich, den Sauerstoff in den roten Blutkörperchen zu binden. Jedem Organ, jedem Muskel, jeder Körperzelle muss Energie zugeführt werden, die der menschliche Körper aus Nährstoffen gewinnt. Damit er diese verwerten kann, bedarf es einer Art kontrollierter Verbrennung in den Zellen. Ist die Sauerstoffsättigung zu gering, funktioniert die Energiezufuhr nicht mehr richtig, was für einen Menschen gesundheitliche Schäden in unterschiedlichen Schweregraden zur Folge haben kann. Der schlimmste Fall ist der Hirntod.

Unter 90 ist also definitiv zu wenig und gefährlich. Sam bekam zusätzlichen Sauerstoff. Sie maßen seine Temperatur, er hatte Fieber. Die Pfleger gaben ihm Paracetamol, um seine Temperatur zu senken. Irgendjemand fragte uns, was genau passiert sei. Wir erzählten die ganze Geschichte. Mindestens noch fünf weitere Mal erklärten wir, wie der Tag gelaufen war. Mal hörte es sich ein Arzt an, dann wieder eine Schwester. Die Hoffnung, dass wir noch in der Nacht nach Hause könnten, war längst geplatzt. Insgesamt verbrachten wir fünfzehn Stunden in der Rettungsstelle. Sams Zustand war sehr kritisch. In diesen endlos langen fünfzehn Stunden hatte ich ständig Panik. Ich hatte Angst um Sam, es könnte noch schlimmer werden. Ich sah, wie sehr seine schlechte Atmung seinen Körper belastete und wie stark auch seine Psyche darunter litt. Ich weinte mehrmals und schlief dann doch ein paar Minuten mit meinem Kopf aufgestützt auf der Trage, auf der mein Liebster lag, weil ich ihn keine Sekunde allein lassen wollte. Er erhielt Sauerstoff, inhalierte Salbutamol und erhielt Prednisolon. In regelmäßigen Abständen erschienen Krankenschwestern und maßen alle Vitalzeichen, also Temperatur, Blutdruck, Puls und Sauerstoffsättigung. Sam wurde geröntgt. Nichts Auffälliges. Endlich konnte er auf die normale Station verlegt werden.

Nachdem ich noch zwei oder drei Stunden bei meinem Freund am Bett verbracht hatte, fuhr ich müde und ausgelaugt zu ihm nach Hause. Schon am nächsten Tag wurde er entlassen, aber nicht, weil er schon wieder als gesund galt, sondern weil er drängelte. Er wollte gerne bei mir sein. Und ich bei ihm. Ich hatte Angst, meinen Freund in der Situation allein zu lassen, weil ich fürchtete, dass er noch einmal einen solch schweren Asthmaanfall bekommen könnte. Ich verschob meinen Flug und blieb einige Tage länger in England. Die Ärzte hatten einen viralen Atemwegsinfekt diagnostiziert, konnten aber nicht genau sagen, welchen. Sie gaben ihm Prednisolon mit, das er ausschleichen sollte, was bedeutet, die Dosis eines Medikaments schrittweise und über einen vom Arzt festgelegten Zeitraum zu reduzieren, bis man es nicht mehr braucht. Zudem erhielt Sam ein Kortison-Spray, das er nun täglich nehmen musste, sowie ein Antibiotikum. Ich wunderte mich, warum die Ärzte ein Antibiotikum bei einem viralen Infekt verordneten. Und frage mich bis heute, ob er damals nicht vielleicht schon Corona hatte.

Wenn ich das Gefühl habe, irgendeine Krankheit, die vielleicht schon in mir ist, bekämpfen zu müssen, nehme ich kolloidales Silber, das auch Silberwasser genannt wird. Es handelt sich um eine rein natürliche Substanz. Das Mittel war schon im 19. Jahrhundert als infektionshemmend bekannt und wurde noch in der ersten Hälfte des 20. Jahrhunderts verwendet, bevor Antibiotika ihre Verbreitung fanden. Als ich am 26. Februar 2020 zu Sam nach England flog, griff ich mal wieder zum Silberwasser. Es ging mir nicht besonders gut, ich kränkelte ein bisschen, hatte Probleme mit meiner Lunge. Mir war, als würde ich Husten bekommen. Hinzu kamen Ohrenschmerzen, was bis dahin untypisch für mich war, weil mir die Ohren normalerweise nicht wehtun, wenn ich erkältet bin. Ich zerbrach mir den Kopf darüber, ob ich richtig krank werden würde, und machte mit meinen Gedanken Sam verrückt, der genervt war von meinen ewigen Ankündigungen: »Ich glaube, ich werde krank.«

Ich weiß, das klingt seltsam, aber ich kann es nicht ändern. Seitdem ich Krankenschwester bin, glaube ich stets und ständig, ich könnte tausend verschiedene Krankheiten bekommen oder sogar schon haben. Als ich zu Sam aufbrach, dachte ich, wie blöd es wäre, gerade jetzt, ganz kurz vor meinem Geburtstag, krank zu werden, selbst wenn es nur eine leichte Erkältung wäre. Denn wir wollten ein paar Tage in den Urlaub nach Spanien fahren. Vorsorglich nahm ich unendlich viele

Medikamente mit, falls wirklich etwas bei mir ausbrechen würde. Allerdings tue ich das ohnehin, wenn ich ins Ausland verreise.

Am Flughafen Berlin-Schönefeld hingen Plakate, auf denen vor dem Coronavirus gewarnt wurde. Auf ihnen stand die Empfehlung, sich die Hände zu waschen und überhaupt alle möglichen Hygienemaßnahmen einzuhalten. Wer Fieber und Husten hatte, sollte sich »umgehend« an das Flughafenpersonal oder besser gleich an den Flughafenarzt wenden. Ich dachte zu diesem Zeitpunkt noch immer: Was für eine Überreaktion! Einige Passagiere trugen Mundschutz und ich guckte sie verwundert an, dachte nur: wie lächerlich. Mundschutz ist was für medizinisches Personal und nicht für Leute in der Öffentlichkeit.

Zwei Tage später flogen wir von England nach Malaga. Mir ging es immer noch nicht besser, ich hatte unglaubliche Ohrenschmerzen. Das Gefühl, einen Husten zu bekommen, wollte ebenfalls nicht verschwinden. Ich schob es auf meine Pollenallergie, die mich fast das ganze Jahr belastet. Außerdem bin ich Raucherin. Wobei ich die Tage zuvor keine einzige Zigarette geraucht hatte. Das mache ich nie, wenn ich das Gefühl habe, krank zu werden, um meinen Körper nicht zu provozieren.

Ich ging am Flughafen in Bristol auf Toilette und begegnete dort einer Frau, die jünger war als ich. Sie stand vor dem Spiegel, telefonierte und trug eine FFP2-Schutzmaske, die an und für sich bestmöglichen Schutz vor Ansteckung bieten, weshalb sie von medizinischem Personal getragen werden. Ich dachte zuerst nur: Oh, mein Gott, ist das dein Ernst? Ich war noch immer der Meinung, dass das völlig überzogen war. Doch dann dachte ich: Wenn du schon eine FFP2 trägst, dann doch bitte richtig. Ich musste innerlich lachen. Die Frau hatte die Maske nicht aufgefaltet, weshalb sie steif auf ihrem Gesicht lag und keinerlei Schutz bot. Ich schaute sie fassungslos an, nur ganz kurz, und verkniff mir ein entsetztes Kopfschütteln. Ich überlegte kurz, ob ich sie aufklären sollte, aber verzichtete darauf. Sollte sie ruhig in dem Glauben bleiben, geschützt zu sein. Der Glaube versetzt ja bekanntlich nicht nur Berge, sondern vertreibt auch böse Geister.

Wir verbrachten fünf Tage in Spanien. Ich hatte fast die ganze Zeit diese unglaublich ätzenden Ohrenschmerzen und fühlte mich auch generell nicht besonders gut. Sam träufelte mir dreimal täglich Tropfen in die Ohren. Das Hustengefühl verschwand von allein. Und am letzten Urlaubstag waren die Ohrenschmerzen fast weg. Wir kehrten nach England zurück, um gleich am nächsten Tag nach Berlin aufzubrechen. Sam spielt Schlagzeug bei »Peter and the Test Tube Babies«, einer in der Punkbewegung sehr bekannten Band, die 1978 gegründet wurde und zu den Veteranen der Szene gehört. 1978 war Sam noch nicht einmal auf der Welt. Er stieß erst 2016 zu der Gruppe. Kennengelernt haben wir uns über den Punkrock.

Am 6. März 2020 feierten »Peter and the Test Tube Babies« ihre Party anlässlich der Veröffentlichung des neuen Albums im Berliner Club Quasimodo. Ich verfolgte wie wohl jeder in jenen Tagen die Nachrichten und erfuhr, dass unter anderem ein Hotel in Teneriffa unter Quarantäne stand. Ich hoffte, dass es nicht den Sänger der Band erwischt hatte, der mit seiner Freundin Ferien auf der spanischen Insel gemacht hatte und unmittelbar danach nach Berlin zum Konzert fliegen wollte. Zum Glück war das Paar in einem anderen Hotel und konnte problemlos abreisen. Um die Zeit herum war Covid-19 in Deutschland längst ein riesiges Thema. Auch an jenem Abend im Quasimodo. Man tauschte sich untereinander über das »gefährliche Virus« aus. Doch niemand glaubte, dass es hier bei uns in Deutschland und Europa bald so schlimm werden könnte wie in China oder Italien, wo das Virus bereits tobte. Das Konzert fand statt, die Band stellte ihre neue Platte vor und wurde gefeiert. Nicht mal eine Woche später wäre die Party verboten worden. Es war das letzte Konzert, das Sam und ich für lange Zeit zusammen erleben sollten. Er flog am 8. März zurück nach Hause und weder mein Freund noch ich konnten damals ahnen, dass wir uns wochenlang nicht sehen würden.

Zu allem Überfluss wurde meine Mama krank. Sie fühlte sich sehr schlecht. Auch mich beschlich wieder das Gefühl, krank zu werden. Wir nahmen beide Silberwasser, was half. Derweil spitzte sich die Lage in Europa zu. Das Coronavirus hatte Italien fest im Griff, auch Spanien litt darunter, bald Großbritannien. Innerhalb von zwei Wochen nahm die Zahl der Infizierten in Deutschland stark zu. Und auf einmal wurden gefühlt tausend Maßnahmen und Einschränkungen des Alltagslebens von 80 Millionen Bundesbürgern beschlossen, stets mit der Ansage der Politik, die Bevölkerung zu schützen. Plötzlich hatte ich Angst, meinen für den 26. März gebuchten Flug nicht antreten zu können – und behielt recht. Die meisten EU-Staaten machten die Grenzen dicht, Menschen auf Facebook schrien nach noch mehr Einschränkungen und Bestrafungen bei Nichteinhaltung der Verhaltensregel, mindestens 1,5 Meter Abstand zueinander zu halten.

Ich konnte es nicht verstehen. Ich konnte nicht verstehen, warum sich ein Großteil der Menschen freiwillig in ihrer Freiheit einschränken ließ. Ich musste an meine Eltern denken, die in der DDR auf die Welt kamen und mir oft erzählten, wie es war, als Kinder, Jugendliche und junge Erwachsene in einem Land zu leben, das 1990 von der Landkarte verschwand. Mein Papa war einer der wenigen Punks in der DDR. Er ist noch heute ein Punk. Ich kenne viele Geschichten von Unterdrückung, von Unterdrückung durch das System, und ich verspüre eine Abneigung dagegen, obwohl ich selbst erst kurz nach dem Mauerfall geboren wurde und die DDR nie leibhaftig erlebt habe. Wenn ich das Gefühl habe, dass Unrecht geschieht und die Demokratie in Gefahr gerät, werde ich wütend.

Deshalb beäugte ich kritisch, was unsere Regierung tat. Und ich wurde sauer, weil ich ständig auf Facebook Nachrichten über das Coronavirus angezeigt bekam. Jeder Artikel war irgendwie wie der andere. Und dazu noch das Gerede und Getue der Politiker, die immer mehr Maßnahmen verhängten und meine Reise zu Sam gefährdeten. Ich fühlte mich eingeengt und ich fand es unfassbar, wie Entscheidungen getroffen wurden, ohne anscheinend darüber wirklich nachzudenken, welche Auswirkungen sie auf die Menschen haben könnten, auf die Existenzen von Millionen Bundesbürgern. Für mich war plötzlich die Regierung von Angela Merkel eine viel größere Bedrohung als das Virus Covid-19.

Mich machte es zornig, dass mit dem Robert-Koch-Institut nur eine einzige wissenschaftliche Einrichtung zu Wort kam, dass man nicht den Rat anderer Virologen in politische Entscheidungen einbezog. Ich hätte mir eine Art Runden Tisch gewünscht, an dem mehrere Experten ihre Meinungen austauschten und dann Empfehlungen abgaben. Das ist, wie wenn man zum Orthopäden oder zum Zahnarzt geht und sofort mit sich machen lässt, was die Mediziner sagen. Man sollte nicht nur auf eine Meinung vertrauen. Ich habe Patienten betreut, die eine viel zu spät gestellte Krebsdiagnose erhielten. Sie hatten Beschwerden und gingen damit immer wieder nur zum Hausarzt, der aber nichts Gravierendes feststellen konnte. Dann gerieten sie zufällig an seine Vertretung, die sofort Alarm schlug und den Patienten an einen Onkologen verwies, der nur noch bedauern konnte, so nun kostbare Monate verloren zu haben. Monate, die über Leben und Tod entscheiden können.

Deshalb machte es mich stutzig, dass unsere Regierung Entscheidungen traf und sich dabei nur am Robert-Koch-Institut orientierte. Ich fragte mich, ob die Bundesregierung auch an die kleinen Unternehmen dachte, an die Selbstständigen oder die Studenten, die vielleicht ihre Miete nur zahlen könnten, wenn sie in einer Bar oder in einem Klub Geld verdienten. Oder an Musiker, Schauspieler und andere Künstler, die auf Auftritte angewiesen sind, weil sie damit ihren Lebensunterhalt verdienen.

Ich war geladen bis zum Gehtnichtmehr und machte meinem Ärger auf Facebook Luft, allerdings erst einmal nicht öffentlich. Einige meiner Freunde konnten mich verstehen, andere waren völlig gegen mich und predigten die Informationen des

Robert-Koch-Instituts als den einzig richtigen Weg. Dann kam eins nach dem anderen. Jens Spahn war der Meinung, alle Personaluntergrenzen aussetzen zu müssen.[1] Das hieß, dass notfalls noch weniger Pfleger und Krankenschwestern für einen Patienten zuständig sein sollten als ohnehin. Ein absoluter Witz! Es reicht ja schon so hinten und vorne nicht in den Krankenhäusern und Seniorenheimen.

Der Gesundheitsminister schrieb einen Brief an die Kliniken und Krankenkassen. Darin hieß es: »Wir sehen, dass sich Krankenhäuser im Bundesgebiet jederzeit ohne Vorankündigung mit einer kurzfristig nicht vorhersehbaren Erhöhung von Patientenzahlen, aber auch dem Ausfall von Pflegepersonal aufgrund eigener Infektionen bzw. Erkrankungen konfrontiert sehen können.« Spahn wollte damit verhindern, dass Stationen Patienten abweisen müssten, wenn dem Schlüssel zufolge zu wenig Kräfte auf Arbeit wären. Das mochte eine gute Absicht gewesen sein, aber wieder einmal zu Lasten der sowieso schon überlasteten Beschäftigten in den Krankenhäusern. Die Untergrenzen bei der Besetzung der Kliniken mal eben auf unbestimmte Zeit ohne Rücksicht auf Verluste auszusetzen, wie das der Herr Spahn vorgeschlagen hatte, bedeutete doch nur noch mehr Schufterei und noch mehr Überstunden, aber dafür noch weniger Zeit für jeden einzelnen Patienten. Was Spahn wie die Gesundheitsminister von CDU, CSU und FDP vor ihm nicht begriffen: Die Bekämpfung der Ausbreitung einer Pandemie erfordert mehr und nicht weniger Fachkräfte im Gesundheitswesen. Ich hoffe, das kapieren die nun endlich.

Ich war noch nie von Spahn begeistert, aber das schlug dem Fass den Boden aus. Der Mann ist gelernter Bankkaufmann, er hat keine einzige Minute in einem Krankenhaus als Pfleger oder sonst was gearbeitet und griff dann auf diese Weise ins Geschehen ein. Er sagte so viele Dinge, bei denen ich mir an den Kopf fasste. Und wie so oft in den vergangenen Jahren fragte ich mich, wie die Verteilung der Ministerposten in der Politik so abläuft. Denn anscheinend muss man ja nicht für die einzelnen Bereiche, die man betreut, geschult sein. Im normalen Arbeitsleben würde das dann so aussehen, dass ein Kfz-Mechaniker ins Krankenhaus geht und an einem Patienten eine Blinddarmoperation durchführt.

Je mehr sich die Corona-Krise verschärfte, desto größer wurde das Chaos in den Krankenhäusern. Keiner wusste irgendetwas, jede Minute kamen neue Anweisungen von einer Behörde ins Haus geflattert, die andere Maßnahmen aufhoben oder verschärften. Man wusste kaum noch, woran man war und was denn nun galt. Uns wurden Masken, Desinfektionsmittel und andere Schutzmaterialen geklaut. Ich stand vor einem Isolationszimmer – also dem Raum für Patienten mit besonders ansteckender und schwieriger Erkrankung – und fragte die Schwester der Station, wo die Masken und Kittel sind, die normalerweise vor dem Zimmer liegen und eigentlich auch vorhanden sein müssten. Der Patient, den ich betreuen musste, hatte irgendeinen Krankenhauskeim. Da gibt es einige: MRSA, EBV, 3MRGN und so weiter. Die meisten davon sind multiresistente Keime, oft im Krankenhaus erworben, gegen die Antibiotika nichts ausrichten können. Die Kollegin schaute mich an und sagte: »Wir haben kaum noch Materialien, uns wurde alles geklaut.« Ich konnte es nicht fassen und fragte sie: »Und jetzt?« Sie zuckte mit den Schultern und antwortete: »Du musst so reingehen. Oder schau mal in der Kanzel, ich glaube, da liegen noch welche.«

Die Kanzel ist das Arbeitszimmer der Krankenschwestern. Hier trifft man sich zu kurzen Beratungen, Absprachen und zur Übergabe der Schichten. Ich ging zur Kanzel und da waren tatsächlich noch einige Masken, ich schnappte mir eine und lief zurück zum Isolationszimmer, regte mich aber tierisch darüber auf und dachte nur: Wie fahrlässig, da jetzt nur mit Maske, aber ohne Kittel reinzugehen. Und ich dachte, mein Gott, wie krank muss man eigentlich sein, um in einer Klinik Masken und Desinfektionsmittel zu klauen?

In den nächsten Tagen arbeitete ich auf verschiedenen Stationen. Ich hatte Kontakt mit einem Patienten, bei dem der Verdacht auf Covid-19 bestand, weil seine Familie gerade aus Italien zurückgekehrt war. Keiner traute sich ins Zimmer. Die Kollegin, die das Essen austeilte, stellte das Tablett einfach vor die Tür. Auch die Reinigungskräfte mieden das Zimmer einfach.

Der Mann klingelte. Ich zog mir – mittlerweile gab es wieder welche – Kittel, Maske und Handschuhe an und betrat das Zimmer. Der Patient wirkte sehr einsam. Er drückte mir einen Zettel in die Hand. Er hatte einige Fragen notiert und bat mich, sich für ihn zu erkundigen, er fühlte sich allein gelassen und tat mir leid. Am meisten regte ihn auf, dass er schon drei Tage isoliert, aber noch immer nicht auf Corona getestet worden war.

Allgemein kann ich sagen, dass das medizinische Personal, egal auf welchen Stationen ich zu der Zeit im Einsatz war, das Thema »Corona« völlig übertrieben dargestellt fand, mich eingeschlossen. Die Medien machten keine Pause, man hörte und las überall nur noch von diesem einen Virus und ich hatte eine Dienstanfrage nach der anderen und sprang sogar ein, obwohl ich etwas kränkelte. Ich machte sechs Frühschichten am Stück und war ausgelaugt. Mich überforderte das Ganze, bald war mir alles zu viel. Ich regte mich über die Nachrichten auf, hatte zugleich große Angst, nicht zu Sam fliegen zu können, und erkundigte mich alle paar Minuten bei meinem Freund, wie die Lage in England sei. Ich hatte keinen Bammel vor Corona, sondern davor, Sam nicht ganz bald wiedersehen zu können.

Es folgte das Besuchsverbot für die Patienten, was mir sehr leidtat, aber andererseits war es dadurch auch ruhiger für uns. Denn ehrlich gesagt: Manchmal sind die Besucher in den Kliniken anstrengender als die Patienten selbst. Manche sind überaus penibel und haben Tausende Fragen, wollen, dass alles perfekt ist und ihre Angehörigen bestmöglich behandelt werden. Ich kann das alles verstehen, vermisse im Gegenzug dafür manchmal aber auch Verständnis für unsere Situation. Meinen Kollegen und mir fehlt es schlicht an der Zeit. Wir tun ja, was wir können – schon deshalb, weil wir aufpassen müssen: Denn einige Besucher beschweren sich, was ihr gutes Recht ist. Aber leider heißt es dann auch gleich immer, wir vernachlässigten Patienten – ein harter Vorwurf, der schmerzt, weil er nicht wahr ist. In mehr als einem Jahrzehnt in dem Job habe ich so etwas wie Vernachlässigung nicht erlebt.

Dann las ich von der Erklärung des Robert-Koch-Instituts, dass medizinisches Personal im Gegensatz zu allen anderen Erdbewohnern bei Verdacht auf das Coronavirus keine vierzehn Tage in Quarantäne müsse oder besser: sollte. Ich konnte es absolut nicht fassen. Und fragte mich, mit welcher Begründung? Zugleich kam in Deutschland die Diskussion auf, dass die Bezahlung der Pfleger und Krankenschwestern schlecht sei, obwohl ja gerade wir der Gefahr der Pandemie am meisten ausgesetzt waren. Auf einmal, so las ich, ging es Herrn Spahn darum, den Job aufzuwerten und dadurch attraktiver zu machen.[2] Auch diesen Quatsch hören meine Kollegen und ich nun schon seit Jahren.

Mir platzte der Kragen und ich verfasste, getrieben von meinem Zorn, im Eiltempo ein Statement für Facebook, in dem ich all meinen Ärger kundtat. Das war nicht der erste Post, den ich dieser Tage dazu verfasst hatte, weshalb ich vermutete, meine Freunde könnten schon genervt von mir sein. Aber es juckte mir in den Fingern, also dachte ich: Scheiß drauf, das muss ich loswerden. Ich schrieb den Text am Nachmittag des 23. März und klickte auf »posten«. Er lautete so:

»Fassen wir mal zusammen.

Erst sollen wir einen Mundschutz und Schutzkittel für mehrere Patienten benutzen.
Wir sollen weiterarbeiten, wenn wir Kontakt zu einem Corona-/Covid-19-Patienten hatten.
Dann werden Personaluntergrenzen ausgesetzt, für die lange gekämpft wurde. Das heißt, scheißegal, es konnte eine Pflegekraft 50 Patienten betreuen.

Dann sagt Herr Spahn, es geht gar nicht um die Bezahlung in dem Beruf, es ist nur wichtig, den Job attraktiver zu machen.

Und jetzt müssen wir nicht mehr in Quarantäne nach Kontakt, wir können schon früher zur Arbeit gerufen werden, sagt das RKI! Diejenigen, die hier empfehlen, dass am besten alle zu Hause bleiben sollen wegen dem gefährlichen Virus! Schämt euch, (ich meinte) diejenigen, die das RKI hoch in den Himmel heben!

In einem Beruf, der jahrelang unterbezahlt ist ... wo alle am Limit arbeiten ... wir sollen jetzt die Helden sein und werden so behandelt?

Eigentlich sollten genau jetzt alle Pflegekräfte ihren Job kündigen!

Ich bin richtig doll traurig und enttäuscht, ich fühle mich verarscht und ich kann es nicht fassen. Ich bin ernsthaft sprachlos.

Vielleicht kann man jetzt meine Posts verstehen ... Ich bin sauer.

Und euer Klatschen könnt ihr euch sonst wohin stecken, ehrlich gesagt ... Tut mir leid, es so zu sagen, aber wenn ihr helfen wollt oder zeigen wollt, wie viel wir wert sind, dann helft uns, für bessere Bedingungen zu kämpfen!«

Das Ding war: Ich hatte nicht gemerkt, dass die Einstellung auf »öffentlich« gestellt war. Stunden zuvor hatte ich einen Artikel des »Ärzteblatt« auf Facebook gepostet mit der Überschrift: »RKI lockert Quarantäne-Empfehlungen für medizinisches Personal.« Öffentlich hieß, dass jeder, der bei Facebook ist, meine Wutbotschaft sehen konnte. Ich dachte allerdings, dass sie kaum jemand lesen, geschweige denn, gut finden würde. Ich war auf Kritik gefasst, schon wegen meines Satzes, dass man sich den Applaus sonst wohin stecken könne.

Natürlich war der Beifall, der jeden Tag um 18 Uhr von den Balkonen schallte, freundlich gemeint. Das war mir klar. Aber genauso wusste ich, dass die Deutschen sich das nur bei den Nachbarländern abgeschaut hatten, wo die Situation schon tausend Mal schlimmer war als bei uns. Sich so etwas auszudenken, entspräche für mich irgendwie nicht der deutschen Mentalität. Wenige Tage später schrieb ich in einem Gastbeitrag für den Berliner »Tagesspiegel« über den Beifall von den Balkonen: »Ich weiß, er ist als nette Geste gemeint. Aber glaubt mir: Es verändert absolut nichts.«[3] Es mag sein, dass ich an der Stelle ungerecht bin: Aber ich empfand das Klatschen nicht als Ausdruck der Wertschätzung für unsere eigentliche Arbeit, sondern gegen etwas, was in Deutschland längst nicht so gravierend war wie in Italien, England oder Spanien: das Coronavirus. Der Beifall galt nicht Pflegern und Krankenschwestern, sondern sollte die eigene Angst vertreiben – das ist menschlich, hilft dem Klinikpersonal aber kein bisschen.

Nachdem mein Statement öffentlich war, erhielt ich einige Likes. Ein Freund teilte es, dann eine Freundin. Ich ging früh zu Bett, weil ich am nächsten Tag Frühdienst hatte. Ans Einschlafen war nicht zu denken. Mein Post war schon dreiundzwanzig Mal geteilt worden. Ich dachte: Boah, schon so oft. Mein Telefon stand nicht still, ständig kam irgendeine Benachrichtigung an. Da ich endlich schlafen wollte, schaltete ich das Handy aus.

Am nächsten Morgen hatte meine Botschaft mehr als einhundert Likes – und wieder dachte ich: Wow, so viele Likes. Die Benachrichtigungen hörten über den ganzen Tag nicht auf. Ständig poppte auf, dass dieser oder jener meinen Text geteilt oder gelikt hatte. Ich bekam Freundschaftsanfragen von vielen fremden Leuten. Mir wurde das alles schon zu viel, zumal ich ja arbeiten musste. Als ich nach dem Job daheim ankam, hatte ich etwa eintausend Likes und mein Beitrag war ebenfalls rund eintausend Mal geteilt worden. Ich konnte es nicht fassen. Ich konnte mich vor Nachrichten nicht retten, der Facebook-Messenger poppte ständig auf mit Anfragen aller Art. Ich las jede einzelne Nachricht und antwortete. Es waren überwiegend positive Nachrichten von Menschen aus ganz Deutschland.

Auf einmal trafen auch erste Anfragen von Medien ein. Ich bat meine Mama um Rat, ob ich mich weiter an die Öffentlichkeit wagen sollte. Ich war etwas überfordert, weil die Bitten um Interviews mehr und mehr wurden. Irgendwann schaute ich im Spam-Ordner nach. Ich fiel vom Glauben ab. Dort waren Tausende Nachrichten. Ich öffnete jede einzelne und brauchte Stunden, sie alle zu lesen. Ich beschloss, nicht allen Leuten zu antworten – es war einfach zu viel des Guten. Die Menschen erzählten mir ihre Geschichten und Erfahrungen in Krankenhäusern und anderen Einrichtungen wie Pflegeheimen. Sie bedankten sich bei mir für meine klaren Worte. Aber es waren auch einige negative oder boshafte Nachrichten dabei. Letztere lasen sich ungefähr so: »Halt einfach dein Maul und geh arbeiten, schließlich hast du dir diesen Beruf ausgesucht.« Das prallte an mir ab. Gott sei Dank.

Inzwischen war mein Post mehrere Tausend Mal geteilt und gelikt worden – und ich hatte keine ruhige Minute mehr, bis ich endlich rausgefunden hatte, wie sich die Benachrichtigungsfunktion bei Facebook ausschalten ließ. Ich stellte mein Profil von öffentlich auf privat, versuchte aber gleichzeitig, ein wenig transparent zu bleiben, um nicht an Glaubwürdigkeit zu verlieren. Ich versuchte, die ganzen Interviewanfragen zu managen, und sagte den Journalisten Gespräche zu, obwohl ich nicht gerne telefoniere. Aber persönliche Treffen gingen ja nun mal nicht. Ich bat darum, mir die Fragen vorab zu schicken und das fertige Interview absegnen zu dürfen, was in Deutschland, soweit ich nun weiß, gängige Praxis ist. Bis dahin hatte ich keinerlei Erfahrung im Umgang mit Medien. Ich war aufgeregt vor jedem einzelnen Telefonat. Die meisten Journalisten empfand ich jedoch als unglaublich freundlich. Ich hatte nur Probleme mit einer Volontärin des Axel Springer Verlags. Ich hatte ihr schon abgesagt, weil mir ihre Fragen missfielen. Aber sie ließ nicht locker und mailte mir einen Text, der einfach nur meinem Post entsprach. Ich schickte ihr einen Text von mir mit meinen Anliegen, aus dem sie keinen einzigen Satz benutzte. Der Axel Springer Verlag und seine »Bild«-Zeitung galten für so etwas ja als berühmt und berüchtigt. Dies erfuhr ich nun am eigenen Leib.

Dass mir die Journalistin auch noch unsympathisch war, machte die Lage keinesfalls besser. Sie antwortete nicht, als ich nachfragte, wo ihr Artikel veröffentlicht werden sollte. Ich bestand auch auf einige Änderungen in dem Artikel, die ihr nicht gefielen. Wir mailten hin und her. Schließlich rief ich an, denn ich mochte die Geheimniskrämerei nicht, wo der Artikel denn nun veröffentlicht werden sollte. Die Volontärin teilte mir mit, der Artikel werde online und sogar in der gedruckten Ausgabe der Boulevardzeitung »B.Z.« erscheinen. Ich dachte: Gott sei Dank, nicht in der »Bild«. Am Tag darauf war ich groß in der »B.Z.«, Print und online – auch in der digitalen Version der »Bild«.

Andere Medienportale griffen den Artikel auf und machten daraus ihre eigenen Storys, ohne mich dafür zu kontaktieren. Auch immer mehr Fernsehsender fragten an und baten um Interviews, aber das war nichts für mich. Es ging immer nur um das Coronavirus und ich sollte darüber berichten, was aber gar nicht meine Message war. Die lautete, dass es schon jahrelang im Gesundheitssystem schlecht läuft und nicht erst seit Beginn der Corona-Pandemie.

Weil meine Haltung gegenüber TV-Sendern nicht von allen verstanden wurde, erklärte ich mich dazu später auf Facebook. Ich schrieb:

»Weil einige fragen, warum ich mich nicht filmen lassen will für mehrere TV-Sender: Erstens, ich bin nicht mediengeil so wie manch anderer. Mir ging es nie darum, ›berühmt‹ zu werden, dafür ist mir meine Privatsphäre viel zu heilig. Ich liebe mein Leben so, wie es ist. Ich kann machen, was ich will, ohne dass ich dafür verurteilt werde.

Ich bin, wie ich bin, schüchtern, aber auch ziemlich emotional, temperamentvoll, standhaft und ehrlich, wenn es um Ungerechtigkeit geht. Wenn mir etwas nicht passt, dann sage ich das direkt und kämpfe dafür, dass es sich ändert.

Dann geht es in den Medien gerade immer nur noch um Corona und das war nicht meine Message. Das unterstütze ich nicht. Meine Meinung ist, dass in der Pflege schon immer unzumutbare Zustände geherrscht haben und niemand aus der Politik etwas unternommen hat. Corona war nur der Grund, warum man uns jetzt zuhört, und ist nicht der Grund für die Zustände.

Es muss sich langfristig etwas ändern und das tut es nicht, wenn ich mich ins Fernsehen setze und mit Politikern diskutiere, die mir eh nicht zuhören, denn warum sollten sie es jetzt machen, wenn sie es die Jahre davor auch nicht taten.

Ich will mich nicht nur für die Pflege einsetzen, sondern für alle systemrelevanten Berufe und alle sozialen Berufe. Unser Land sollte nicht nur auf Profit und Wirtschaft aus sein ohne Rücksicht auf Verluste. Es muss sozial richtig groß was passieren.«

Was hilft mir ein einminütiges Fernsehinterview oder ein kleiner Artikel in der Zeitung, der ganz bald wieder vergessen ist? Weil meine Botschaft eine Herzenssache ist, beschloss ich, dieses Buch zu schreiben. Das können dann Spahn und die anderen Schlauberger gerne lesen. Dann stelle ich mich der Diskussion – mit der Rückendeckung von 85 000 Leuten, die meinen Post gelikt haben. Aber Diskussionsthema darf nicht die Corona-Pandemie sein, sondern wie unser in Schieflage geratenes Gesundheitssystem wieder ins Gleichgewicht kommen kann, sodass Leute wie ich und alle meine Kollegen auch entsprechend mehr verdienen. Denn wir *haben* es verdient.

2

TRAUMBERUF »ÄRZTERIN«

Ich bin keine Samariterin. Aber ich habe früh in meinem Leben den Wunsch verspürt, Kranken zu helfen, damit sie – wie man so schön sagt – schnell wieder auf die Beine kommen. Der Impuls, für Schwächere da zu sein, treibt mich bis heute. Er ist es, der mich morgens um 5 Uhr aufstehen lässt, um zur Frühschicht zu gehen. Er motiviert mich, den Stress und manchmal auch den Irrsinn eines Krankenhauses auszuhalten. Mein Job wird garantiert nie vergnügungssteuerpflichtig sein. Für mich ist er dennoch auch Vergnügen. Es bereitet mir Freude, für andere da zu sein. Schon als Kind stand für mich fest, dass ich, wenn ich groß und stark bin, einen Beruf ausüben werde, der es mir – klingt pathetisch, ist aber wahr – ermöglicht, Dienst am Menschen zu tun.

Eine Zeit lang favorisierte ich Physiotherapeutin, dann wieder Pathologin. Am Ende wurde ich Krankenschwester – und das war gut so. Als kleines Mädchen wollte ich eigentlich unbedingt Ärztin werden. Ich war noch zu klein, um das Wort meines Traumberufs richtig aussprechen zu können, und sagte »Ärzterin«. Ich liebte es, in Büchern über Mediziner und ihr Schaffen zu blättern. Ich hatte ein medizinisches Lexikon für

Kinder, in dem in einfachen Worten erklärt wurde, was ein Stethoskop ist, warum man Menschen röntgt und was Bakterien und Viren anstellen können. Ich erfuhr spannende Dinge aus der Geschichte der Medizin, was die Pest im Mittelalter anrichtete und wie Operationssäle vor hundert Jahren aussahen.

Aus Papiervorlagen bastelte ich menschliche Körper. Und ich spielte stundenlang mit dem alten Verbandskasten aus dem Auto meiner Eltern. Vor allem das Verbandszeug und Pflaster hatten es mir angetan. Ich übte, meistens an mir selbst, Verbände an Armen und Beinen anzulegen. Wenn es in der Schule hieß, wir sollten ein Referat halten, entschieden sich andere Mädchen und Jungen für Ausarbeitungen über Tiere oder Naturereignisse. Ich widmete mich Themen wie Bulimie oder Magersucht. Ich weiß bis heute nicht, warum mich schon als Schülerin Krankheiten so fesselten – und vielleicht dachten auch einige in der Klasse, ich sei merkwürdig. Das war mir egal. Meine Großeltern nahmen mich als Zehnjährige mit zu der allerersten Berliner Ausstellung »Körperwelten« von Gunther von Hagens, der Mann, der Leichen »plastiniert« und öffentlich präsentiert. Die Schau im Jahr 2001 war hochumstritten, was ich als Kind nicht mitbekam. Ich war jedenfalls begeistert.

Im Unterricht hatte ich Schwierigkeiten, mich zu konzentrieren. Die Lehrer bescheinigten mir, leicht ablenkbar und träumerisch zu sein – und ich wage nicht, es zu bestreiten. Aber ehrlich gesagt, war ich auch ziemlich faul. Einige Fächer interessierten mich zu wenig oder gar nicht, weshalb ich nicht für sie lernte. Ich beendete die Schule mit einem erweiterten Hauptschulabschluss.

Im Rückblick glaube ich, dass es unser Schulsystem jungen Leuten nicht gerade leicht macht, sich auf das Berufsleben vorzubereiten. Wie viele Jugendliche wissen mit 16 Jahren noch immer nicht, was sie später werden wollen. In handwerkliche Berufe zieht es die wenigsten. Wie viele Sachen, die man in der Schule lernen muss, nutzen einem später? Die meisten geraten doch ganz bald in Vergessenheit. Ich finde, man erfährt in der Schule nicht genug Wichtiges fürs Leben. Wie wäre es mit einem Unterrichtsfach, in dem man ganz speziell auf das Leben im Erwachsenenalter vorbereitet wird, in dem man Wissen vermittelt bekommt, das einem hilft, im Alltag besser klarzukommen? Warum bekommt man nicht beigebracht, auf was man beim Abschluss von Verträgen mit dem Vermieter, der Versicherungsfirma und dem Energielieferanten oder worauf man bei der ersten Steuererklärung achten soll? Oder wie man einen Kredit aufnimmt und das Tappen in die Schuldenfalle vermeidet?

In der 9. Klasse sollte sich jeder für zwei Wochen einen Praktikumsplatz suchen, um zu testen, welcher Beruf zu einem passt. Um das Glück zu finden, musste ich nicht in die Ferne schweifen: Der Nachbarin meiner Oma gehörte ein Labor für Zahntechnik, in dem ich mein Praktikum absolvieren konnte. Zu der Zeit war ich allerdings sehr, sehr schüchtern, manchmal bekam ich stundenlang keinen einzigen Pieps heraus. Ich fragte so gut wie nichts, sondern beobachtete einfach, wie die Angestellten Voll- oder Teilprothesen, Kronen, Implantate und Brücken herstellten, hier etwas wegfeilten, dort etwas dransetzten. Ich bin ein Autodidakt, ein Mensch, der begreift, indem er Anderen beim Schaffen zusieht. Genauso hatte ich als Kind gelernt, etwas Klavier zu spielen, ohne dass ich auch nur eine einzige Note lesen konnte.

Die Begeisterung über meine Anwesenheit hielt sich in der Praxis anfangs in ziemlich engen Grenzen. Die Mitarbeiter deuteten mein Schweigen falsch: nämlich als Desinteresse an ihrer Arbeit. Das war Unsinn, wie sie bald merkten. Ich hatte mir bei ihnen – im wahrsten Sinne des Wortes – abgeguckt, wie man ein Gebiss modelliert. Sie machten die Probe aufs Exempel und drückten mir zwei Zahnmodelle in die Hand, ein fertiges und ein unfertiges, und gaben mir den Auftrag, aus dem unvollendeten ein vollendetes zu machen. Ich sollte mit Wachs einen Zahn nachbauen. Ich tat still meine Arbeit, war ganz konzentriert und voll in meinem Element. Ich brauchte nicht lange – und schon war das Werk vollendet. Eine Zahntechnikerin verglich beide Modelle und – ich schwöre, es war so – sie konnte nicht glauben, dass ich auf Anhieb etwas geschafft hatte, wofür andere normalerweise doch viel länger brauchten.

Ich freute mich wie die Zahnfee. Tatsächlich hatte ich Eindruck hinterlassen. Sie drückte mir gleich noch ein Modell in die Hand, dann noch eins und noch eins und noch eins. Ich gab ihnen das Vertrauen in mich zurück, wenn man so will: Zahn um Zahn. Alles war wunderbar, fast wie im Traum. Es wäre noch schöner geworden, wenn ich im Kopfrechnen besser gewesen wäre. Beim Herstellen von Gips hörte meine Zauberkunst auf: Die Zahnfee war zu doof, das richtige Mischverhältnis auszurechnen – Zahn ja, Zahl nein. Und dennoch: Ich liebte dieses Praktikum, hätte am liebsten sofort die Schule abgebrochen und in dem Labor angefangen zu arbeiten. Nicht nur mir ging es so, sondern auch einigen anderen Mitschülern, die in der Zeit ihres Praktikums total happy waren – weitaus mehr als in der Schule.

Ich bedauerte, dass mein Praktikum so kurz war. Seither bin ich felsenfest davon überzeugt, Schule würde vielen Kindern und Jugendlichen mehr Spaß machen, wenn sie weitaus praxisorientierter wäre, als sie es ist. Ich bin sicher, dass die Schulabschlüsse dann besser wären, weil viele dann eine andere Motivation hätten. Fächer wie Physik, Chemie und Mathe sollten ab der 7. Klasse abwählbar sein und die Schule generell 12 Jahre dauern. Ein komplettes Jahr sollte dabei allerdings nur für Praktika reserviert sein, in denen sich Jugendliche ausprobieren können. Das könnte ihre Entscheidung über den künftigen Berufsweg erleichtern. Gerade in der Welt wie der heutigen, in der sich durch die Digitalisierung alles immer schneller dreht, wäre es wichtig, wenn Schule Halt und Orientierung gäbe, statt nur auf Wissensvermittlung zu setzen. Sie ist wichtig, aber nicht alles.

Ich stelle es mir so vor: Jede Schülerin und jeder Schüler kann das Praktika-Jahr flexibel und individuell gestalten, sodass man mehrere Stationen absolviert und das mit den Fächern im Unterricht verbindet. Warum soll sich eine Schülerin, die Blumenbinderin werden will, mit dem Satz des Pythagoras herumärgern? Warum sollte ein Junge, der eine Ausbildung im Einzelhandel anstrebt, weiter Physik büffeln und frustriert sein, weil er es nicht kapiert oder gar nicht wissen will, warum atomare Teilchen dieses oder jenes tun. Umgekehrt müsste ein Mädchen, dessen Interesse für einen medizinischen Beruf im Praktikum erwacht, selbstverständlich weiter Biologie lernen müssen. Es muss ja wissen, wie der menschliche Körper tickt und natürliche Vorgänge vor sich gehen. Ich glaube, eine Verzahnung von Praktika und Unterricht wäre sehr sinnvoll. Es würde bessere Schulabschlüsse geben und Lernen mehr Spaß machen.

Ich jedenfalls schaffte es nicht zum Abitur, natürlich nicht. Ich schloss also die Schule mit einem erweiterten Hauptschulabschluss ab und wollte eigentlich sofort mit der Ausbildung zur Zahntechnikerin beginnen. Aber die Chefin des Labors, das mich eigentlich haben wollte, vergab den Ausbildungsplatz kurzerhand an ihre Nichte, weil die die Zeit bis zum Beginn ihres Studiums überbrücken musste. Also bewarb ich mich woanders, jedoch erfolglos. Ich war fest entschlossen, einen medizinischen Beruf zu erlernen. Wie so oft in meinem Leben half mir meine Mutter auf die Sprünge. Sie erzählte mir von einem neu geschaffenen Beruf mit dem sperrigen Namen »Staatlich anerkannte/r Sozialassistent/in«. Sie hatte sich erkundigt: Die Ausbildung dauerte nur zwei Jahre und beinhaltete den Abschluss der Mittleren Reife.

Ich entschied mich dafür, schickte ein Bewerbungsschreiben und bestand den Einstellungstest an einer privaten Schule. Ich war froh und hatte ein gutes Gefühl, die richtige Entscheidung getroffen zu haben, da meldete sich das Zahntechnikerlabor und bot mir nun doch den Ausbildungsplatz an, weil die Nichte der Chefin früher als geplant ihr Studium aufnahm. Das brachte mich natürlich in die Bredouille. Also doch lieber wieder die Zahnfee geben? Schließlich wusste ich, dass ich den Job im Zahnlabor leicht packen würde. Wieder beriet ich mich mit meiner Mama – und blieb bei der Lehre zur Sozialassistentin, auch weil ich darüber die Mittlere Reife erlangte. Dabei war mir gar nicht so ganz klar, was man in dem Beruf genau tun sollte, zumal er neu geschaffen worden war. Die Bundesagentur für Arbeit erklärt die Tätigkeit so: »Sozialassistenten und -assistentinnen arbeiten in der Familien-, Heilerziehungs- und Kinderpflege, wo sie hilfsbedürftige Personen betreuen, unterstützen und fördern.« Das sagt alles und irgendwie auch nichts.

Tatsächlich umfasste die Ausbildung verschiedene Themen: Sozialpädagogik und sozialpflegerische, aber auch hauswirtschaftliche Arbeitsbereiche wurden vermittelt. Verknüpft wurde die Theorie mit zwei acht- und einem vierwöchigen Praktikum. Gleich das erste führte mich in ein sehr modernes Krankenhaus am Berliner Stadtrand. Als ich den ersten Tag früh morgens zum Dienst antrat, brodelte in mir ein Gefühlsmix aus Angriff und Defensive. Ich war aufgeregt, wieder sehr zurückhaltend und schüchtern, aber auch ein bisschen stolz und gewillt, mich zu beweisen. Denn nun war ich meinem Kindheitstraum, Kranken beim Gesundwerden zu helfen, so nah gekommen, wie es nur ging. Ich, Nina, die noch vor gar nicht so langer Zeit in ihrem Kinderzimmer Verbändewickeln übte, war nun mittendrin im echten Geschehen eines Krankenhauses. Die Patienten, ihre Leiden und Freuden, die Anordnungen der Ärzte, die Rufe der Schwestern, der Geruch in den Krankenzimmern und Fluren – alles war plötzlich real.

Und, wenn ich ehrlich bin, ziemlich anders, als ich es mir vorgestellt hatte. Ich war davon ausgegangen, dass Krankenschwestern mehr medizinische Tätigkeiten ausübten, und ich weiß nicht mehr, ob ich es verdrängte oder ganz einfach nicht wusste, dass zu ihren Aufgaben auch die Körperpflege der Patienten gehört, die selbst dazu nicht mehr in der Lage sind.

An zwei Patienten erinnere ich mich bis heute noch so genau, dass ich sie mir immer wieder vor meinem inneren Auge abrufen kann: Die erste Frau, die ich gewaschen habe, und den ersten Toten, den ich sah. Die Frau war sehr alt, schwer krank und furchtbar dünn. Sie wirkte auf mich so zerbrechlich, dass ich extrem vorsichtig war, als ich mit dem nassen Waschlappen über ihre Haut fuhr. In den ersten Sekunden oder Minuten hatte ich Berührungsängste, auch im wahrsten Sinne des Wortes. Ich wollte ihr auf gar keinen Fall Schmerzen zufügen und behandelte sie wie eine lebendig gewordene Figur aus Meißner Porzellan. Für mich war sie in dem Augenblick tatsächlich so kostbar wie ein Museumsstück. Diese Haltung habe ich mir bis heute bewahrt. Wenn ich einen Patienten wasche, egal ob sterbenskrank oder bald wieder auf den Beinen, bemühe ich mich immer, vorsichtig und einfühlsam zu sein.

Die Berührungsängste verschwanden schnell, das Waschen wurde bald zur Normalität. Diese acht Wochen waren eine wichtige Lehrzeit für mich. Ich bekam unendlich viel beigebracht, beinahe so viel, wie ich im Rest meiner Ausbildung nicht mehr lernen sollte. Dabei hatte ich es anfangs auch dort ziemlich schwer. Wieder war es meine damals krasse Schüchternheit, die mir im Wege stand. Wie schon im Zahnmedizinlabor stellte ich keine Fragen, sondern sog alles, was ich sah, in mich hinein und speicherte es im Hirn unter der Rubrik

»nicht vergessen« ab. Auch hier merkten die Schwestern schnell, dass ich die Arbeit mochte und ein Händchen dafür hatte. Vor allem aber lernte ich schon in jenen Tagen etwas absolut Essenzielles für meinen Job: Man kann nicht alle Menschen von ihren Krankheiten heilen, sondern muss damit umgehen, dass Patienten sterben und man sie dabei begleitet, was nicht weniger wichtig ist, als ihnen dabei zu helfen, wieder gesund zu werden. Der Tod gehört bekanntlich zum Leben. Wer damit nicht umgehen kann, sollte den Job lieber nicht machen.

Der erste Tote, den ich zu Gesicht bekam, war ein alter Mann, bei dem es sich klar abgezeichnet hatte, dass er bald die Welt verlassen würde. Die Angehörigen hatten zugestimmt, keine weiteren lebenserhaltenden Maßnahmen mehr einzuleiten. Wir gingen morgens in sein Zimmer und er atmete nicht mehr. Ich weiß noch, wie die Schwestern mich von dem Anblick des Verstorbenen und der Situation fernhalten wollten. Sie wollten mich schützen und dafür sorgen, dass ich das nicht miterlebte. Vermutlich dachten sie, dass eine erst Sechzehnjährige nicht damit umgehen könne. Der Verstorbene musste für den Abtransport hergerichtet werden, also gewaschen und frische Kleidung bekommen, damit ihn die Angehörigen ein allerletztes Mal sehen und Abschied nehmen konnten. Ich fragte die Schwestern, ob ich ihnen dabei helfen dürfte. Sie schauten mich verwundert an und fragten mich mehrfach, ob ich das wirklich wolle. Ja. Ich war mir absolut sicher. Es war ein merkwürdiges Gefühl, einen leblosen Körper zu waschen, und es erschien mir unwirklich, dass dieser Mensch tot war.

Als wir ihn wenig später in die Pathologie brachten, standen wir zu zweit im Fahrstuhl, eine Schwester und ich. Der Tote lag auf dem Krankenbett, der Leichnam war mit einem Laken bedeckt. Und plötzlich sah es so aus, als würde er noch atmen. Ich machte die Schwester darauf aufmerksam, weil ich dachte, vielleicht würde er doch noch leben. Da ich aufgeregt war, beruhigte sie mich, dass ich keine Halluzination gehabt habe. Sie erklärte, der Vorgang sei völlig normal, denn manchmal entweiche noch Luft aus dem Körper und verursache dadurch die Bewegung.

Die Pathologie sah aus wie im Fernsehen, wie man es aus dem »Tatort« und vielen anderen Krimis kennt. Nur dass kein Gerichtsmediziner schlaumeierte oder unpassende Witze machte. Wir legten den Verstorbenen von seinem Totenbett auf eine Trage, die danach in ein Kühlfach geschoben wurde. Er war unheimlich schwer. Wir schafften es erst, nachdem uns eine Kollegin zu Hilfe kam. An diesem Tag ging ich mit einem äußerst merkwürdigen Gefühl nach Hause. Mir war, als wenn mich der Tod begleiten würde, die ganze Zeit unsichtbar neben mir herlief. Das Gefühl verschwand erst nach ein paar Tagen. Es kam danach nie wieder.

Aber nicht nur Kummer, Leid und Tod erlebte ich in den ersten Tagen meines Daseins als Krankenschwester-Helferin. Es gab auch schöne Augenblicke, nette Gesten und freundlichen Dank von Patienten. Lustig, wenn auch ungewollt, war meine erste Begegnung mit dem Krankheitsbild der Demenz. Auf der Station für Innere Medizin war eine alte Dame, die ich nie vergessen werde. Wir fragten sie nach ihrem Alter. Sie antwortete wie aus der Pistole geschossen: »Ich bin 1247 Jahre alt.« Sie meinte es völlig ernst. Wir mussten – bei allem Respekt vor der Frau – trotzdem alle doll lachen.

Ich durfte viel allein machen, obwohl ich nur eine Praktikantin war. Das gab mir ein gutes Gefühl. Ich nahm das Vertrauen in mich als Bestätigung wahr, den richtigen Beruf zu lernen und Talent dafür zu haben. Allein, dass ich weiß gekleidet war, hatte etwas Erhabenes. Ich stolzierte in meinem Kittel durch die Flure des Krankenhauses im Bewusstsein, ein Teil von ihm zu sein. Ich fühlte mich, als würde ich in meiner Lieblingsserie »Grey's Anatomy« leben. Befanden sich neben mir andere Leute im Fahrstuhl, versuchte ich, mein Namensschild zu verstecken in der Hoffnung, dass sie das verräterische Wort »Praktikantin« nicht bemerkten. Sie sollten denken, ich sei schon eine richtige Krankenschwester.

Ich war sogar neidisch auf die Kolleginnen, denn sie *waren* schon gelernte Krankenschwestern und ich nicht. Kurz vor dem Ende der acht Wochen verkündete ich ihnen feierlich, mich für den Beruf der Krankenschwester entschieden zu haben. Aber statt in Jubel auszubrechen und mir zu gratulieren, fragten sie mich, ob ich mir ganz sicher sei. Sie meinten, der Job sei ungemein anstrengend und eine große Belastung. Ihre Widerrede gipfelte in dem Rat, ich sollte es besser sein lassen. Ich verstand es nicht, nicht einmal ansatzweise. Ich war doch so engagiert und motiviert.

Wahrscheinlich nahm ich damals den physischen und psychischen Druck, der auf den Frauen lastete, als junge Praktikantin nicht wahr. Denn obwohl ich viel machen durfte, blieb ich verschont von Nachtschichten, dem Stress, der Verantwortung, der seelischen Belastung, dem Papierkram und den ganzen Reibereien als Folge immer neuer staatlicher Vorgaben, die schon damals den Betrieb gerne aufhielten. Heute, mehr als ein Jahrzehnt und Tausende Schichten später, weiß ich, dass die Kolleginnen zwar ihren Beruf gerne ausübten, aber schon damals überlastet waren. Und leider muss ich sagen: Sie hatten Recht mit dem, was sie sagten. Auch ich würde heute jeder Praktikantin sagen: Überlege es dir hundertmal, ob du dir das antun willst, solange die Bedingungen sind, wie sie sind. Man muss schon eine gehörige Portion Lust an der Selbstausbeutung mitbringen, den Job über viele Jahre auszuüben. Das gilt selbst dann, wenn man ihn wie ich auch nach vielen Jahren liebt wie am ersten Tag.

Ich war gegen die Warnungen der Schwestern immun. Jedenfalls minderten sie nicht meine Begeisterung für das Krankenhaus und den Beruf. Ich weinte sogar, als ich dort nach den acht Wochen aufhören musste. Für mich war klar, dass ich das zweite und längere Praktikum wieder in dem Krankenhaus verbringen wollte. Ich hatte viel gelernt, fühlte mich gut aufgenommen und mochte die Kolleginnen und Kollegen. Zunächst aber musste ich, wie es die Ausbildung nun mal vorsah, das vierwöchige Praktikum bewältigen, das zwingend in einer pädagogischen Einrichtung stattfinden musste.

So verschlug es mich für einen Monat in einen Kindergarten. Im Grunde merkte ich schon nach zwei, drei Tagen: Das ist nichts für mich. Bitte nicht falsch verstehen: Ich mag Kinder. Aber das Hüten fremder Kinder liegt mir ganz und gar nicht. Die Rasselbande brachte mich dahin, wo ich nicht hinwollte: auf die Palme. Die Jungen und Mädchen hörten nicht auf mich und ich bin auch nicht der Typ, der fremden Kindern sagt, was sie dürfen und was nicht. Also tanzten mir die

Kids auf der Nase rum. Einmal hatten die Erzieherinnen eine Versammlung und ich sollte auf zwei Gruppen aufpassen, die Mittagsschlaf hielten oder besser: halten sollten. Mir hätte schon eine Gruppe genügt. Man könnte denken: Wo ist das Problem? Was sollen schlafende Kinder schon groß anstellen? Nichts, solange sie die Augen zuhaben und süß träumen. Leider taten sie aber weder sich noch mir den Gefallen. Ein Junge fing an, Quatsch zu machen, die anderen folgten ihm bereitwillig. Keiner hörte auf mich und am Ende herrschte das pure Chaos. Die Kinder sprangen und rannten in den Räumen umher und kreischten vor Glück. Ich ging völlig verzweifelt zu den Erziehern, störte die Versammlung und erklärte, es müsse jetzt sofort jemand mit mir rüber in den Chaosklub gehen und für Ruhe sorgen. Heute muss ich darüber lachen, damals fand ich es gar nicht lustig.

Und ich war froh, als ich für mein zweites Praktikum zurück in mein Lieblingskrankenhaus kam. Ich konnte zeigen, was ich bereits gelernt hatte, und arbeitete schon fast genauso mit wie eine ausgebildete Krankenschwester. Ich durfte sogar einen ganzen Tag mit in den OP-Saal und bei mehreren Operationen zusehen. Das war aufregend und beglückend zugleich.

Ich arbeitete fleißig mit und erlebte die emotionale Achterbahnfahrt, wie sie typisch für alle Kliniken dieser Welt ist. Man freut sich, wenn es einem Patienten, den man ins Herz geschlossen hat, wieder gut geht. Und ein paar Tage später muss man auf einmal damit umgehen, dass ein Mensch, den man ebenfalls sehr mochte, es nicht geschafft hat und gestorben ist. Freud und Leid liegen in Krankenhäusern nun einmal zwangsläufig sehr dicht beieinander.

Ich bin seither Tausenden Patienten begegnet. Trotzdem blieben mir, was sicher kein Zufall ist, aus der Zeit der Praktika einige in besonderer Erinnerung. Da war zum Beispiel die alte Frau, die es schlimm an der Wirbelsäule erwischt hatte, weshalb sie nach einer OP zunächst nur im Bett bleiben musste. Dann kam das Okay der Ärzte, die Frau zu mobilisieren, also wieder fit fürs Laufen zu machen. Ich half der Patientin, sich auf die Bettkante zu setzen, und bemerkte, als ich sie anzog, dass sie alles andere als wohltemperiert war. Ich sagte zu ihr: »Sie haben aber kalte Beine.« Sie hörte sehr schwer, schaute mich mit großen Augen an und schrie: »Was, ich habe keine Beine?« Ich musste lachen, bestimmt fünf Minuten lang, kriegte mich nicht mehr ein – und das Schönste war: Nachdem ich die alte Dame aufklärte, lachte sie herzhaft mit. Momente, die ich nie vergessen werde, Momente, die einem ein Lachen ins Gesicht zaubern – bis heute lebe ich für diese Momente und genieße sie.

Ich hatte viel Glück, dass ich in diesem Krankenhaus meine ersten beruflichen Schritte ging. Bis heute ist es dort so: Schüler und Praktikanten werden nicht ausgenutzt. Man lässt sie nicht nur Kaffee kochen und sauber machen. Ihnen wird wie seinerzeit mir echtes Wissen vermittelt. Nicht zuletzt deshalb arbeite ich nach wie vor gerne dort. Ich hätte mich in meinem Lieblingskrankenhaus auch gerne zur Krankenschwester ausbilden lassen und bewarb mich auf einen der – personelle Engpässe hin, fehlende Pfleger her – nur zehn Lehrplätze. Ich durfte mich jetzt, nach den zwei erfolgreichen Jahren, hochoffiziell Sozialassistentin nennen und hatte meinen Realschulabschluss in der Tasche. Aber trotz aller guten Leistungen während der zwei Praktika scheiterte ich mit meiner Bewerbung. Die Klinik nahm damals bevorzugt Leute mit Abitur an. Das war frustrierend und ich finde es noch immer schade. Als käme es in dem Beruf auf die Hochschulreife an. Sicher ist es vernünftig, wenn diejenigen, die den Job machen, nicht die Vollblödis sind. Aber entscheidend sind ganz andere Dinge wie Empathie, Motivation, Durchhaltevermögen und Menschlichkeit. Es ist kein Wunder, dass so viele junge Leute unbedingt das Abitur machen wollen, wenn in Deutschland allein das der Maßstab für die Karriere ist. Entschuldigung, aber ich finde das abgehoben. Denn ich bin der lebende Beweis dafür, dass es in bestimmten Berufen auch ohne Abitur geht. Mein Gott, ich wollte Krankenschwester und nicht Ärztin werden, ich wollte nicht operieren, sondern Patienten nach der OP unterstützen, schnell wieder gesund zu werden. Immer wenn ich daran denke, gerate ich in Wut.

Ich musste mir also einen Job suchen. Aber da es den Beruf des Sozialassistenten erst neu gab – ich war der erste Jahrgang, der den Abschluss darin machte –, waren Stellenangebote dazu rar. Der überwiegende Teil aus meiner Klasse hatte die Lehre ohnehin als Sprungbrett genutzt, um die Voraussetzung zu haben, den Beruf des Erziehers zu erlernen.

Ich entschied mich für ein soziales Jahr in einem anderen Krankenhaus in Berlin, wo ich auch in der Rettungsstelle zum Einsatz kam. Dort verstand ich mich ausgerechnet mit den Kollegen nicht, mit denen ich am meisten zu tun hatte. Nach ein paar Monaten brach ich ab. Meine Mutter schlug mir vor, mich zur Pflegehelferin ausbilden zu lassen, um meinem Ziel,

Krankenschwester zu werden, ein Stückchen näher zu kommen.

Gesagt, getan. Drei Monate dauerte die Schulung. Ich war gut, durch meine Erfahrung, die ich in der Praxis gesammelt hatte, war es mir ein Leichtes, die Herausforderungen zu bestehen. Auch die Ausbildung beinhaltete ein Praktikum. Und wieder ging ich, dieses Mal für vier Wochen, in mein Lieblingskrankenhaus. Ich schloss mit 1,0 ab. Wieder war es meine Mama, die mir den entscheidenden Tipp gab. Über eine Freundin hatte sie von einem Pflegedienst gehört, der Leute suchte. Die Chefin hatte eine besondere Philosophie. Sie verstand die Einrichtung, in der zehn Senioren lebten, mehr als WG denn als Heim und erklärte uns Pflegern, wir sollten uns wie Besucher fühlen und benehmen, die ab und an in die Zimmer gehen und Gutes tun. Ich verstand mich mit allen sehr gut, sowohl den Senioren als auch den Kollegen, und liebte die Arbeit.

Ich hatte Zwölf-Stunden-Dienste. Das bedeutete: vier Tage Tagschicht, vier Tage frei und dann vier Nachtschichten. In der Nacht war man die einzige Pflegekraft, aber das war wegen der relativ geringen Bewohnerzahl völlig in Ordnung. Jeder Pfleger machte praktisch alles: den Haushalt, das Essen, sauber, die Wäsche. Und natürlich kümmerten wir uns um die Pflegebedürftigen. Wir aßen immer alle zusammen und ich dachte mir, es wäre gut, wenn es viel mehr solche Alten-WGs gäbe. Nicht diese großen Heime, wo niemand Zeit für die Bewohner hat.

Ich arbeitete gern dort. Aber meinen Wunsch, Krankenschwester zu werden, gab ich nicht auf. Ich bewarb mich tapfer weiter, mittlerweile auch bei zahlreichen anderen Kliniken.

Ein Jahr lang während der Anstellung in der Senioren-WG. So wurde ich auch zu zwei Bewerbungsgesprächen in meinem Lieblingskrankenhaus eingeladen. Einmal schaffte ich es in das engere Auswahlverfahren. Aber der Pflegedienstleiter hatte mir schon im Vorgespräch klargemacht, dass meine Chancen minimal seien. Er sagte mir klipp und klar: »Ich glaube nicht, dass Sie ohne Abitur die Ausbildung schaffen. Sie ist sehr hart, so hart wie ein Studium.« Ich konnte nicht nachvollziehen, warum nur Abiturienten genommen werden. Denn ich wusste, ich bin gut in dem Job. Ich fühlte mich unfair behandelt, war sauer, auch traurig und verzweifelt, dass es mir so schwer gemacht wurde.

So ging es immer weiter. Auch in einem katholischen Krankenhaus kannte man keine Gnade. Als ich mir wieder anhören musste, dass ohne Abitur nichts ginge, platzte mir der Kragen. Ich sagte der Frau zwar nicht, dass sie sich zum Teufel scheren sollte, ihr aber direkt ins Gesicht, was ich von der Einstellung hielt: »Ich habe schon jede Menge Erfahrung gesammelt und weiß, was manche Abiturienten für Fachidioten sind. Aber ich bekomme keine Chance.« Mir war bewusst, dass ich die Frau und die Abiturienten beleidigte. Das war mir in dem Moment jedoch egal. Ich hatte es satt, andauernd hören zu müssen, man bräuchte unbedingt das Abitur, um eine gute Krankenschwester zu werden. Ich kriegte mich nicht mehr ein und schimpfte weiter: »Viele Abiturienten bleiben doch gar nicht in dem Beruf und wollen nach der Ausbildung studieren. Ich aber will den Job unbedingt machen, weil er mein Traumberuf ist.« Sie war durchaus beeindruckt und stimmte mir sogar irgendwie zu.

Ich wusste, wovon ich redete. Wie oft hatte ich es schon während meiner Ausbildungszeiten erlebt, aber auch später immer wieder, dass Abiturienten – natürlich nicht alle – zwar gut in der Theorie sind, jedoch unfassbar schlecht in der Praxis. Manche schaffen mitunter nicht mal die Probezeit. Andere sind empathielose Wesen, so kalt wie eine Hundeschnauze. Was sagt schon ein formaler Abschluss oder ein Notendurchschnitt über den Umgang mit Menschen aus?

Ich hatte meinen Traum schon fast aufgegeben, hatte aber auch keinen Druck, da ich mich in der Senioren-WG sehr wohlfühlte. Immerhin landete ich im Jahr 2012 auf der Warteliste eines Krankenhauskonzerns für die Ausbildung zur Krankenschwester. Mir wurde versichert, wenn es nicht im Oktober mit dem Ausbildungsplatz klappen sollte, dann definitiv nächsten April. Ich checkte in dieser Zeit permanent meine Mails. Es war an einem Tag Ende September, da bekam ich tatsächlich eine Mail mit dem Absender des Krankenhauskonzerns. Ich öffnete sie gespannt. Und was las ich? Ich sollte mich unverzüglich melden, denn es sei jemand abgesprungen und wenn ich wolle, könne ich in drei Tagen die Ausbildung zur Gesundheits- und Krankenpflegerin beginnen, wie Krankenschwestern heutzutage genannt werden. Ich war ganz aus dem Häuschen, rief schnell an und sagte zu.

Ich machte mir Sorgen, meine Chefin würde sauer auf mich sein, wenn ich um eine sehr kurzfristige Vertragsauflösung bitten würde. Aber das war sie nicht. Im Gegenteil freute sie sich für mich, machte mit mir einen Aufhebungsvertrag und wünschte mir viel Glück. Sie verabschiedete mich mit den

Worten: »Komm am besten zurück, wenn du mit der Ausbildung fertig bist.« Was ich nicht tat. Denn nichts ist schöner, als in einem Krankenhaus zu arbeiten – auch keine Senioren-WG.

3

WILLKOMMEN IN DER PRAXIS

Die Situation hatte gewiss etwas Surreales. Zwischen dem Eintreffen der Mail mit der guten Nachricht, nun doch auch ohne Abitur Krankenschwester werden zu können, und dem Beginn meiner Ausbildung lagen gerade einmal: 48 Stunden. Ich hatte ein einziges Wochenende Zeit zu kapieren, was da gerade passiert war und – vor allem – was nun auf mich zukommen würde. Mir blieben zwei Tage, mich von der Senioren-WG, wo ich mich wohl und sicher fühlte, weil ich alles im Griff hatte, zu verabschieden und mich seelisch auf mein neues Berufsleben einzustellen. Ich schwebte vor Glück auf Wolke sieben, war aber emotional so durch den Wind, dass ich Mühe hatte, nicht aus allen Wolken zu fallen. Das ewige Genörgel über das fehlende Abitur hatte Spuren hinterlassen. Natürlich fragte ich mich: Habe ich es wirklich drauf? Schaffe ich die schwierigen Prüfungen? Oder hatte die Personalerin der katholischen Klinik recht und mir fehlte das Zeug (Abi) zur Krankenschwester?

Meine Verwandlung von der Pflegerhelferin zur Gesundheits- und Krankenpflegerin begann am 1. Oktober 2012. Sie dauerte drei Jahre. Meine Mutter und all die anderen, die mich liebhaben, bestärkten mich darin, die Herausforderung meistern zu können, was guttat. Also trat ich – zwar mit weichen Knien, aber voller Freude und Zuversicht – meine Ausbildung an. Die ersten Ankündigungen der Lehrer waren nicht gerade beruhigend. Gleich zur Begrüßung erklärten sie, was ich ohnehin ahnte, nämlich dass die 36 Monate kein Zuckerschlecken und wir Schülerinnen streng bewertet würden. Es hieß klipp und klar: Wer die Probezeit nicht schafft, fliegt ohne Erbarmen und unwiderruflich aus dem Lehrgang. Die Ansagen erhöhten den Druck, der sowieso schon auf mir und den anderen Schülerinnen meiner Klasse lastete. Andererseits wusste ich nun, woran ich war. Wer nicht sein Bestes gab, würde es schwer haben, das Examen zu erhalten. Ich strengte mich von Tag eins an, weil ich wusste: Wenn ich diese Chance nicht nutzte, war es das mit dem Traumjob und der Wolke sieben.

Wie so oft im Leben machte die Praxis alle graue Theorie zunichte. Dass ich kein Abitur hatte, spielte überhaupt keine Rolle mehr. Es interessierte während der drei Jahre niemanden. Es zählte nur noch meine Leistung. Im Rückblick frage ich mich, wie vielen jungen Menschen die Ausbildung wohl schon verwehrt worden ist, weil sie kein Abi hatten und Personalabteilungen – jenseits aller Vernunft – damals stupide nur danach entschieden.

Die Probezeit ist der erste Härtetest meines Berufs. Sie dauert sechs Monate, in anderen Ausbildungsberufen liegt sie zwischen einem und vier Monaten. Schon in diesem ersten Halbjahr trennt sich für gewöhnlich die Spreu vom Weizen. Nicht wenige rasseln gleich durch die ersten Prüfungen, andere springen ab, weil sie nach wenigen Einblicken in den stressigen und harten Alltag eines Krankenhauses denken: Schlimmstenfalls will ich hier mal als Patientin liegen, aber auf keinen Fall den Rest meines Berufsalltags verbringen.

Prinzipiell finde ich es richtig, dass sowohl die Probe- als auch die Ausbildungszeit derartig lange dauern. Krankenpfleger haben es nun mal nicht mit Maschinen zu tun, sondern mit einem schmerzempfindlichen Wesen namens Mensch. Wir können nicht feilen, schneiden, hämmern, schrauben und sägen, bis es passt, und schon gar nicht von Neuem beginnen, bis wir es endlich gelernt haben. Wenn wir eine Kanüle setzen, um eine Infusion anzulegen, sollte stets der erste Versuch sitzen, um Schmerz zu vermeiden und dem Patienten das gute Gefühl zu geben, in den richtigen Händen zu sein. Ein bisschen drängt sich allerdings der Verdacht auf, dass die Lehrzeit auch deshalb drei Jahre beträgt, um billige Arbeitskräfte zu haben. Ich meine, zwei Jahre würden es wohl auch tun – zumindest solange die Lehrzeit so ist, wie ich sie erlebt habe. Denn eine Ausbildung im Sinne von weiter dazuzulernen kam in den drei Jahren zu kurz. Es fehlte schlicht an Lehrern, die einen betreuten. Ich arbeitete sehr schnell ganz normal mit und sammelte Erfahrungen nach dem Motto »Learning by doing«, was an und für sich richtig ist. Aber unter diesen Umständen könnte man die Prüfung auch schon nach zwei Jahren ansetzen.

Meine – im doppelten Wortsinn – erste Station meiner Ausbildung war eine Neurologie. An sie war eine Spezialeinheit für Schlaganfallopfer angeschlossen: eine »Stroke Unit«, wie es auf gut Neudeutsch heißt. Ich war nicht die einzige Schülerin in der Abteilung. Zwei Kolleginnen aus meinem Jahrgang ließen sich auch zu Krankenschwestern und eine speziell für Kinder ausbilden. Wir unterstützten uns gegenseitig und ich kann nicht anders sagen als: Es war eine tolle Zeit auf einer tollen Station. Hier herrschte unter den Beschäftigten der Geist der Musketiere, wie er während der Corona-Hochphase überall in Deutschland in Krankenhäusern gelebt wurde: Einer für alle und alle für einen. Der Zusammenhalt war klasse und machte vieles leichter.

Zum Glück hatte ich dort auch eine super Praxisanleiterin. Sie war die beste Lehrerin, die ich in den drei Jahren haben sollte. Sie war jung, locker, enorm engagiert und darauf bedacht, uns alles ganz genau beizubringen. Eigentlich sind Praxisanleiter als Bindeglied zwischen Schule und Arbeitsplatz gesetzlich vorgeschrieben. Tatsächlich verhält es sich mit ihnen aber wie mit Heilungen, die einem Wunder gleichen. Man weiß, dass es sie gibt, erlebt sie jedoch so gut wie nie. Die Lehrer sind fast immer in den normalen Klinikalltag eingebunden und lassen die Schüler einfach Schüler sein. Ich kann nur hoffen, dass es nicht überall so ist.

Ich mochte die Frau sehr gern und bin ihr bis heute dankbar, weil ich weiß, was ich ihr zu verdanken habe. Sie bereitete mich akribisch auf die ersten Prüfungen vor, erklärte mir dieses und zeigte mir jenen Kniff, mit der die Arbeit einen Tick leichter ging und einem Patienten geholfen werden kann. Die Probezeit beinhaltete einen Praxistest und mehrere Klausuren zur Grundpflege, also dem Einmaleins der Patientenbetreuung, wozu neben der Körperpflege Ernährung, Mobilität und die Dokumentation einzelner Arbeitsschritte zählen. Bei der »Waschprüfung« ist der Name Programm: Man muss beweisen, einen Patienten körperlich säubern zu können, ohne ihm dabei wehzutun. Außerdem muss das Vorgehen begründet und im Anschluss dokumentiert werden. Dank meiner Praxislehrerin, aber auch der Erfahrungen in meinem Lieblingskrankenhaus bestand ich den Test mit Bravour, was mir Sicherheit für die restlichen zweieinhalb Jahre gab. Der ganze Druck fiel erst einmal von mir ab.

Der Konzern, der mich ausbildete, betreibt mehrere Standorte in ganz Berlin. Man durchläuft als Schüler fast jede Klinik des Unternehmens. Meine zweite Station führte mich in ein Krankenhaus im Osten Berlins. Es war wenig ansehnlich, um nicht zu sagen: trostlos. Das galt sowohl für die äußeren Umstände als auch die meisten Kollegen. Allein die Nähe zu meinem Wohnort war ein kleiner Trost. Das Gebäude war nicht gerade im Topzustand und alles andere als modern ausgestattet. Die Zimmer waren klein und hässlich, die Schwestern immerzu gestresst und einige nicht besonders freundlich. Kurzum: Der Ort war weder schön zum Arbeiten noch zum Genesen und – wenn ich ganz ehrlich bin – auch nicht zum Sterben.

Genauso miserabel wie der bauliche Zustand war nach meiner Erfahrung die Ausbildung. Patienten waschen, Essen austeilen, Blutdruck messen. Patienten waschen, Essen austeilen, Blutdruck messen – eben all das, was angehende Krankenschwestern halt so machen, wenn eine Klinik bei der Ausbildung nach Schema F verfährt und den Nachwuchs vorrangig als billige Lückenfüller betrachtet. Ich hatte noch keinen umfassenden Einblick in das Berufsleben, aber was dort ablief, verursachte bei mir nur Kopfschütteln. Schüler, dachte ich schon damals, sollten nicht nur Essen austeilen und zum Waschen der Patienten eingeteilt werden, sondern lernen, wie man Patienten hilft, möglichst schnell gesund zu werden und ins normale Leben zurückzukehren.

Das Krankenhaus insgesamt und auch die Station, auf der ich »lernte«, waren unter den Schülern nicht besonders beliebt. Wir hatten eine Vertretung, die sich für die Azubis einsetzte, wenn man sich schlecht behandelt fühlte. Sie befasste sich laufend mit Beschwerden aus eben dieser Klinik, die ich im Stillen »das Horrorkrankenhaus« nannte. Einer Station war sogar die Ausbildung vorübergehend untersagt worden, da die Zustände untragbar gewesen sein sollen.

Einige der Festangestellten machten sich keinerlei Gedanken, wie sie mit ihrer Einstellung auf uns Schülerinnen wirkten. Ich verstehe gut, wenn man Frust schiebt, egal ob beruflich oder privat. Aber deshalb auf die Vorbildfunktion zu pfeifen, wenn man junge, hochmotivierte Leute vor sich hat, kann ich nicht nachvollziehen. In diesem Krankenhaus fehlte es an Bewusstsein dafür, was Patienten brauchen, vielleicht sogar an Berufsethos. Ältere Kolleginnen betrachteten ihre Arbeitsstätte als Verwahranstalt für Kranke, denen man ab und an von Azubis Essen bringen lässt. Wenn ich dort das erste Praktikum meines Lebens gemacht hätte, wäre ich garantiert keine Krankenschwester geworden.

Ich erinnere mich noch genau, wie ich mit einer etwa 45 Jahre alten Kollegin – Typ unreflektierter Muffel – frühmorgens durch die Zimmer fegte und die Patienten wusch. Ich war entsetzt, ja, sogar schockiert. Die Frau zerstörte alles, was mir bis dahin vermittelt worden war: sich gerade beim Waschen eines Patienten so lange Zeit zu nehmen, dass man von »Pflege« reden kann. Hier musste plötzlich alles sehr schnell gehen. Ich begann damit, einem körperlich schwachen Patienten vorsichtig das Gesicht zu säubern, da griff auch die Schwester zu einem Waschlappen und legte los, als wüsche sie ein Auto und keinen Menschen. Ich war noch beim Gesicht, während sie innerhalb von Sekunden den ganzen Ober- und Unterkörper fertig hatte. So schnell konnte ich gar nicht gucken, wie sie den Job erledigte. Mir blitzten Gedanken durch den Kopf wie: Bin ich hier im Kranken- oder im Irrenhaus?

Noch heute laufen mir Schauer über den Rücken, wenn ich daran denke: Die Creme, mit der die Haut kaum oder nicht mobiler Patienten eingerieben wird, drückte die Kollegin ins Waschwasser. Dabei ist das ordentliche Eincremen wichtig für das Wohlbefinden eines Kranken, gerade wenn er sich nicht bewegen kann. Gut gereinigte und intakte Haut ist weniger anfällig für Juckreiz, Infektionen oder wunde Stellen. Jeder kennt es, wie unangenehm ein Jucken an einer Stelle sein kann, die man – aus welchem Grund auch immer – gerade nicht mit den Fingern erreicht. Da sie meinen fragenden Blick bemerkte, sagte die Kollegin: »Wenn man die Creme mit ins Wasser tut, muss man am Ende nicht mehr eincremen.« Sie lächelte stolz, als hätte sie mir soeben den wichtigsten Tipp meines gesamten Berufslebens verraten, und fragte: »Guter Trick, oder?« Dass sie für diesen Unsinn auch noch Lob wollte, ließ mich in verbale Schockstarre fallen. Ich brachte kein Sterbenswörtchen hervor.

Ehrlich, ich war fassungslos. So stark die Belastung für das Personal auch sein mochte: Was hatte dieses Verhalten mit Menschlichkeit zu tun? Wo war hier das viel gepredigte Verantwortungsbewusstsein, ohne das in der Pflege nichts geht? Ich weiß, wie es ist, in ständiger Unterbesetzung und unter massivem Zeitdruck zu arbeiten. Aber das darf nicht bedeuten, Kranke als »abwaschbare Wesen« zu behandeln. Sie sind unsere Schützlinge, für die wir Pfleger tage- oder wochenlang Verantwortung haben, der wir nachkommen müssen.

Inzwischen konnte ich schon recht selbstständig arbeiten, ohne dass der Betrieb zusammenbrach oder gar Patienten in Gefahr gerieten. Zum Glück für die Station, in der ich am Ende des ersten Lehrjahres tätig war – eine interdisziplinäre Station aus Unfallchirurgie und Gynäkologie. Dort herrschte chronischer Personalmangel. Also bekam ich, obwohl noch in der Ausbildung, mehrere Patienten zugeteilt, für die ich faktisch allein verantwortlich war. Für einen Tag übernahm ich sogar die komplette Hälfte der Station. Ob das die Klinikleitung wusste oder nicht: Es war verantwortungslos. Als Schwesternschülerin hätte es niemals meine Aufgabe sein dürfen, eine halbe Station zu managen. Jens Spahn würde jetzt sicher sagen: Ein Tag, das wird doch wohl mal gehen. Na klar, irgendwie gehen tut immer alles auf den Stationen. Aber genau das ist ja das grundsätzliche Problem unseres Gesundheitssystems. Das entscheidende Kriterium lautet: Hauptsache, es bricht nicht zusammen. Dass es nicht zum Kollaps kommt, liegt an motiviertem Personal überall in Deutschland, das sich den – mit Verlaub – Arsch aufreißt und der Politik selbigen rettet.

Ich trug als Auszubildende die volle Verantwortung für 18 Patienten, auf derselben Station, auf der ich auch meine Zwischenprüfung absolvierte. Die Stunden waren unglaublich anstrengend, ich flitzte zwischen den Krankenzimmern hin und her, hatte keine Pause und trotzdem ständig das Gefühl, dass mir die Arbeit über den Kopf wächst, ich es nicht schaffe oder jeden Augenblick zusammenklappe. Der Druck war groß, aber ich wollte mich beweisen, hämmerte mir ein, nur ja nichts zu vergessen und keine Arbeit für den darauffolgenden Dienst liegen zu lassen. Ich wusch die Patienten, cremte sie vernünftig ein, verabreichte ihnen – was im ersten Lehrjahr eigentlich verboten ist – die Medikamente, begleitete die Visite, wechselte Verbände, machte die Dokumentation, die Übergabe an den Spätdienst und am Ende des Tages auch noch Überstunden. Nur wenn ich unsicher war, was zu tun war, holte ich Rat bei der Schwester, die die andere Hälfte der Station betreute. Die Antwort lautete in der Regel: Du schaffst das schon.

Ja, ich schaffte es. Immer. Alles. Weshalb ich mich bis heute darüber ärgere, dass ich eine – gemessen an meiner Leistung – eher schlechte Bewertung auf der Station erhielt. Bestimmt nicht, weil ich nicht gut war. Das liegt im Auge des Betrachters. Die Begründung lautete: Wer im ersten Lehrjahr ist, könne nicht die beste Punktzahl erhalten, weil er sich dann nicht mehr steigern könne, was demotiviere. Das war Unfug. Obwohl die Berufsschule beteuerte, dass Schüler des ersten Lehrjahrs sehr wohl auch die volle Punktzahl bekommen könnten, blieben die Verantwortlichen des Krankenhauses stur. Ich war sauer, denn ich hatte mich wahrlich keine Minute geschont. Dabei hatte es mir die Stationsleitung unnötig schwer gemacht. Ein Praxisanleiter tauchte kein einziges Mal auf. Stattdessen war ich auf mich allein gestellt.

Auch bei der praktischen Zwischenprüfung präsentierte sich das Krankenhaus im Südosten Berlins als Horrortrip. In der Prüfung musste ich mir drei Patienten aussuchen und einen Plan erstellen, was ich tun würde, um den Heilprozess aus pflegerischer Sicht bestmöglich zu unterstützen. Die Ausarbeitung des Konzepts ist sehr aufwendig, sie dauert Stunden. Man legt es dem Dozenten zur Bewertung vor. Der Inhalt ist reine Theorie, man könnte auch sagen: Wunschdenken. Der Pflegeplan richtet sich nach den Lehrbüchern, aber in der Realität läuft es anders, weil der Zeitdruck viel zu groß ist. Sowohl Prüfer als auch Prüfling wissen das, ignorieren es aber wohlweislich, damit das Potemkinsche Dorf, das in den Berufsschulen mühevoll aufrechterhalten wird, nicht zusammenkracht.

Ich hatte mir an einem Morgen die Einwilligung von drei Patienten in der Unfallchirurgie geholt und danach stundenlang an der Pflegeplanung gesessen. Die Schwestern versicherten mir, dass sie mit den Ärzten sprechen würden, damit die drei Leute nicht plötzlich entlassen und am nächsten Tag zu meiner Prüfung noch auf der Station sein würden. Dann kam die Visite und die drei von mir Auserkorenen wurden prompt nach Hause geschickt. Als ich kurz vor Feierabend davon hörte, konnte ich es nicht fassen. Ich hätte heulen können, bekam Panik und wusste nicht, was ich tun sollte. Dafür tauchte ein Schutzengel in Weiß auf, Tatjana, eine Schwesternschülerin im dritten Lehrjahr kurz vor dem Examen, die in der Gynäkologie arbeitete. Sie sah mich, ein Häufchen Elend, den Tränen nahe, spürte meine Verzweiflung und fragte, was los sei. Ich erzählte ihr von der Misere. Sie nahm mich an die Hand und meinte: »Du kommst jetzt mit auf meine Station und wir finden gemeinsam drei neue Patienten.« Wir gingen die Diagnosen durch, welche Patientinnen geeignet sein könnten, beschafften uns die Einwilligung drei netter Damen und mir fiel ein Stein vom Herzen. Ich gestand ihr, dass ich die Pflegeplanung aufgrund der offensichtlichen Praxisferne bescheuert fand. Tatjana gab mir recht, aber deutete an, dass man das wie bittere Medizin schlucken müsse.

Ich sagte meinem Schutzengel: »Ich bin mir nicht sicher, ob ich das bis morgen schaffe.« Tatjana gab mir ihre Telefonnummer und bot mir an, ich könnte sie jederzeit anrufen, wenn ich Unterstützung bräuchte. Das tat ich dann auch und sie half mir. Am nächsten Morgen fuhr ich ins Krankenhaus, trat zur Prüfung an und bestand sie. Tatjana bin ich bis heute unendlich dankbar dafür. Wir halten bis heute freundschaftlichen Kontakt, sie ist ein unglaublich lieber Mensch.

Das Kennenlernen Tatjanas und die Begegnung mit einem alten Mann sind die einzigen Erlebnisse in den anderthalb Jahren, an die ich gerne zurückdenke, auch wenn das eine kein Happy End hatte. Ich half einem Patienten bei der Körperpflege. Er war ein hochbetagter, dünner Mann, überaus nett und für sein Alter noch ungemein beweglich. Er konnte noch die Füße ohne Hilfe hochheben und sich die Socken selbst anziehen. Ich brachte ihm Essen und ließ ihn, bevor ich wieder verschwand, wissen, dass ich einige Zeit später wiederkommen würde, um nach ihm zu sehen. Als ich nach ungefähr einer halben Stunde wieder in das Zimmer kam, lag er friedlich in seinem Bett und schien zu schlafen. Ich schaute ihn an – mich beschlich eine dunkle Ahnung. Tatsächlich, er war tot. Ich konnte es nicht glauben, weil der Greis mir topfit erschienen war. Wie schnell das Leben doch vorbei sein kann, dachte ich und tröstete mich damit, dass er vermutlich ganz friedlich eingeschlafen war. Immer wenn sich an diesem Tag Trauer in mir regte, hielt ich mir vor Augen, dass er sicherlich einen sanften Tod hatte.

Meine Noten waren gut und ich entschied, mich auf die Lehre in der Intensivmedizin zu fokussieren. Deshalb führte mich die nächste Station auf meiner Reise durch die Welt der Berliner Krankenhäuser für sechs Wochen in eine sehr große Rettungsstelle in einem der quirligen Viertel der Stadt. Spätestens hier kapierte ich, dass Krankenhäuser, die zu ein und demselben Konzern gehören, sehr unterschiedlich sein können. Das Team in der Rettungsstelle war super, hilfsbereit, kollegial und wollte, dass ich möglichst viel Wissen mitnahm. Hier lernte ich zum Beispiel, wie man Flexülen legt. Das sind die kleinen Katheter, die in der Ellenbeuge oder auf dem Handrücken in eine Vene geführt werden, damit Patienten Nährstoffe und Medizin flüssig verabreicht werden können, sodass sie nicht ständig mit Spritzen gepikst werden müssen.

Ruhige Tage gibt es in einer Rettungsstelle nicht, jedenfalls nicht in Krankenhäusern einer Stadt wie Berlin. Ich liebte die Arbeit dort, empfand sie trotz der Hektik und des Stresses als spannend und interessant. Kein Tag war wie der andere. Vor allem beeindruckte mich der Teamgeist. Er entsprach meiner Vorstellung eines Miteinanders zum Wohle der Patienten. Es war wunderbar zu erleben, dass man selbst im größten Tohuwabohu auch Spaß und Freude im Job haben kann, wenn alle an einem Strang ziehen. Nach getaner Arbeit ging ich zwar oft mächtig erschöpft, aber doch zufrieden nach Hause.

Die Rettungsstelle war in verschiedene Abteilungen aufgeteilt: die chirurgische und die internistische, es gab einen Schock-, einen gynäkologischen und einen Raum für Verletzungen an Hals, Nase und Ohren. Hier kam wie in allen deutschen Notaufnahmen das System der Triage zur Anwendung. Bevor das Coronavirus Europa heimsuchte, kannte hierzulande nur die Fachwelt den Begriff. Unter Triage verstehen Mediziner eine Einschätzung der Behandlungsdringlichkeit in Extremsituationen, etwa nach schweren Unfällen oder Katastrophen. Ärzte und ihre Helfer müssen blitzschnell Entscheidungen treffen, wie einem Patienten am besten geholfen werden kann. Jeder Mitarbeiter einer Notfallstation muss deshalb die Fähigkeit haben, mit dem Unerwarteten umzugehen. Denn urplötzlich können Dutzende Patienten im Minutentakt eingeliefert und sowohl das vorhandene Personal als auch das Material knapp werden. Fehler sind trotzdem nicht erlaubt.

»Triage« ist eine Ableitung des französischen Wortes »trier« (sortieren, aussuchen). Der Begriff geht ins 19. Jahrhundert zurück, als Kriege zunehmend mit riesigen Kanonen und anderem schweren Gerät geführt wurden, weshalb nicht nur die Zahl der Gefallenen, sondern auch der Verletzten in unterschiedlichen Schweregraden hochschnellte. Weltweit standardisierte Kriterien oder Richtlinien existieren nicht. In Deutschland, Italien und vielen anderen europäischen Staaten wird das sogenannte »Manchester Triage System« angewandt. Danach wird die Reihenfolge der Behandlung aller Opfer eines Notfalls anhand von Farben festlegt: Rot bedeutet absolute Lebensgefahr, Orange heißt, dass der Arzt sehr dringend den Patienten behandeln muss. Für alle Einstufungen, in denen es nicht ganz so eilig ist, gelten die Farben Gelb und Grün bis zu Blau.

In Italien erlebten Ärzte und Pfleger während der Corona-Hochzeit, was ihren deutschen Kollegen zum Glück erspart blieb. Sie mussten wegen der hohen Zahl an Corona-Kranken auswählen, wem sie ein Beatmungsgerät gaben und wem nicht. In deutschen Medien wurde der in Bergamo in der Lombardei tätige Anästhesist Christian Salaroli mit der Aussage zitiert: »Wenn jemand zwischen 80 und 95 Jahre alt ist und große Atemprobleme hat, reservieren wir die wenigen noch vorhandenen Plätze in den Intensivstationen für Patienten mit größeren Überlebenschancen. Das Gleiche gilt, wenn eine mit dem Virus infizierte Person eine Insuffizienz in drei oder mehr lebenswichtigen Organen aufweist.«[4]

Dass solche Aussagen in den sozialen oder sogar klassischen Medien dann oft dahingehend falsch interpretiert wurden, dass Ärzte alte Menschen »nicht mehr behandelten« oder »einfach sterben ließen«, hat mich geärgert. Ich kenne keinen einzigen Arzt und keine einzige Krankenschwester oder Pfleger, der einen Patienten »nicht mehr behandelt« oder »einfach sterben lässt«. Auch die italienischen Ärzte und Pfleger taten garantiert immer, was sie konnten. Manchmal hieß das eben leider, dass hochbetagte Patienten und Leute mit schlimmen Vorerkrankungen direkt auf die Palliativstation kamen, also in die Abteilung, in der Ärzte und Pfleger unheilbar Kranken helfen, sanft und möglichst schmerzfrei für immer einzuschlafen. Auch das ist eine Behandlung.

Dass diese Entscheidungen zu inneren Konflikten führten, tat mir im Herzen weh. Denn auch italienische Mediziner folgen selbstverständlich dem mehr als 2000 Jahre alten Hippokratischen Eid, den frühsten uns bekannten Grundsätzen einer Ethik für Ärzte. Darin heißt es nach einer Übersetzung der »ÄrzteZeitung«: »Die diätetischen Maßnahmen (Verordnungen) werde ich nach Kräften und gemäß meinem Urteil zum Nutzen der Kranken einsetzen, Schädigung und Unrecht aber ausschließen.«[5] Nach heutiger Auslegung bedeutet das: Jedes Menschenleben ist gleich viel wert, es wird nicht nach Alter, Geschlecht, Vermögen, Religion, Behinderung und anderen äußerlichen Kriterien entschieden. Maßgeblich ist der Mensch, sein Gesundheitszustand und seine Überlebenschancen.

Zu Beginn meiner Zeit in der Rettungsstelle erlebte ich eine Extremsituation, die zeigte, wie wichtig das System der Triage ist. Der Zahl der Patienten war nämlich gigantisch. Am 20. Januar 2014 hatte der Wettergott miese Laune und erwischte Berlin eiskalt. Es gab früh am Morgen heftiges Blitzeis, die Straßen und Fußwege verwandelten sich in Sekundenschnelle zu Rutschbahnen. Hunderte Fußgänger und Radfahrer stürzten, die Polizei sollte am Ende fast 1000 Autounfälle registrieren, die Feuerwehr 1600 Einsätze.

Während meines Frühdienstes herrschte plötzlich der Ausnahmezustand. Die Sirenen standen nicht still, ein Patient traf nach dem anderen ein. Die Feuerwehr hatte nach kurzer Zeit gar nicht mehr genügend Krankenwagen, um die Verletzten zeitnah an einem Unglücksort abzuholen, weshalb sie Löschfahrzeuge zum Krankentransport nutzte. Andere Blitzeisopfer wurden von Familienmitgliedern, Freunden oder Wildfremden zur Notfallstation gebracht. Es waren so viele, dass uns die Tragen ausgingen und ich welche aus dem Keller holen musste.

Die Zahl der Patienten wuchs und wuchs. Die Szenerie glich der eines Katastrophenfilms. Die einzelnen Behandlungsräume waren schnell besetzt, also lagen etliche Patienten auch auf dem Flur. Man wusste nicht, was man zuerst machen sollte. Wohin ich auch schaute, warteten Verletzte auf ärztliche Hilfe. Es waren einfach zu viele, um allen gleichzeitig zu helfen. So bitter es war, wir konnten bei denen, die nicht besonders schwer verletzt waren, nur das Nötigste tun und hoffen, dass sich niemand benachteiligt fühlte. Oberste Priorität war es, den Überblick zu behalten, nichts zu übersehen und die leicht Verletzten schnell wieder zu entlassen, um Platz für die nächsten Patienten zu schaffen. Das ging über Stunden so. Erst am frühen Abend beruhigte sich die Lage.

Ich hatte so etwas bisher noch nie erlebt. Es war für alle ein enormer Stress. Jeder, auch ich, machte ohne Murren Überstunden, um dem Spätdienst unter die Arme zu greifen. Zahlreiche Patienten mussten stationär aufgenommen werden. Unser Einsatz lohnte sich. Am nächsten Tag bedankte sich die Stationsleitung bei uns, weil wir alle Hand in Hand gearbeitet und den Ansturm so gut bewältigt hatten. Ich war stolz, als Teil des Blitzeis-Teams innerhalb von wenigen Stunden so unglaublich vielen Menschen geholfen zu haben. So voll, wie die Rettungsstelle mit Patienten war, so voll war mein Körper mit Glückshormonen. Ich dachte: Wie wunderbar, diesen Job zu machen.

Während der drei Jahre durften wir angehenden Krankenschwestern uns eine Klinik für einen Einsatz aussuchen. Da musste ich nicht lange grübeln. Wieder entschied ich mich für mein Lieblingskrankenhaus am Rande Berlins, in dem ich übrigens bis heute gerne arbeite. Ich wurde für vier Wochen der Intensivstation zugeteilt, auf der ich bisher noch nie gearbeitet hatte. Die Ausstattung war sehr modern, es gab keinen Papierkram mehr, jedes Intensivbett hatte einen eigenen Monitor, die Einfuhr der Infusionen und Flüssigkeiten lief – im wahrsten Sinne des Wortes – automatisch ab, sodass die Bilanzierung exakt war, was überaus wichtig für Patienten auf einer Intensivstation ist. Den Begriff der Bilanzierung kennt man von Unternehmen. In gewisser Weise ist damit auch in der Medizin das Verhältnis zwischen Gewinn und Verlust gemeint. Es wird genau berechnet, was ein Patient an Flüssigkeit – etwa Urin, Stuhlgang, Wundsekrete und natürlich Blut – verliert und was seinem Körper zum Ausgleich an Blutkonserven, »Getränken«, Nährstoffen und natürlich Medikamenten zurückgegeben werden muss, damit sein Wasser-Elektrolyt-Haushalt und das Blutvolumen zu jeder Zeit bestmöglich eingestellt sind. Auch die Vitalzeichenwerte wie Blutdruck, Puls und so weiter werden automatisch in das System übernommen und im Computer verarbeitet. Eine einzige Fingerbewegung reicht und schon werden wichtige Patientendaten einberechnet. Das spart sehr viel Zeit und ist ein Garant für Genauigkeit im Interesse der Kranken.

In meinem Lieblingskrankenhaus werden Unfallverletzte und Notfallpatienten aus der gesamten Region Berlin-Brandenburg behandelt. Wer hier auf der Intensivstation arbeitet, braucht starke Nerven. Man leidet mit den Patienten, muss aber gerade deshalb professionell bleiben – denn damit ist ihnen am besten geholfen. Auf der Station bekam ich viele schwere Fälle zu sehen, hatte es mit Menschen zu tun, die extreme Schicksalsschläge erlitten hatten, deren Leben niemals wieder so sein würde, wie es noch vor ganz kurzer Zeit war. Ich lernte beruflich viel, was auch am Engagement der Klinik bei der Ausbildung lag. Mir wurde eine Schwester an die Seite gestellt, die die ganze Zeit für mich zuständig war, mir alles erklärte und mich viele Dinge selbstständig durchführen ließ. Ich vertraute ihr – und sie mir. Das war wohltuend und gab mir Sicherheit.

Der Hygienestandard war extrem hoch. Bei jeder Pflegetätigkeit am Patienten mussten wir Plastikschürzen tragen und in jedem Dienst sorgfältig die Geräte desinfizieren. Wenn wir einen Kranken über sein Tracheostoma – eine künstliche Verbindung zwischen Luftröhre und Außenwelt – absaugten, trugen wir Mundschutz, Schürze, Handschuhe und darüber zusätzlich sterile Handschuhe. Das Entfernen der Atemsekrete ist überlebenswichtig für den Betroffenen. Dabei darf kein Keim in die Luftröhre geraten, es würde den Fall komplizieren und könnte den Patienten sogar in Lebensgefahr bringen. Berührte ich mit dem Absaugkatheter aus Versehen das Patientenhemd, noch bevor ich ihn in die Kanüle des Tracheostomas schob, musste ich abbrechen, weil er nicht mehr steril war. Niemand guckte doof oder meckerte, damit ich nicht nervös wurde. Ich sollte ja lernen. Umso besser klappte es beim nächsten Versuch mit einem neuen, sterilen Katheter.

Mir gefiel die Arbeit auf der Intensivstation sehr, das Arbeiten dort fühlte sich richtig an. Die Schwestern und Pfleger hatten ein hohes Maß an Fachwissen und ich sog alles auf, was sie mir sagten und zeigten. Ich war traurig, als die vier Wochen vorbei waren, aber ich fühlte mich gut geschult und bereit für meinen nächsten Einsatz auf der Intensivstation, der schon bald folgte. Ich musste zurück ins »Horrorkrankenhaus«. Ich dachte, so schlimm, wie ich es in Erinnerung hatte, kann es schon nicht werden, denn ich bin ja jetzt auf der Intensivstation, die muss gut sein, schließlich geht es hier oft um Leben und Tod. Ich hätte wetten können, dass ich dort ungefähr den gleichen Standard vorfinde wie auf der Intensivstation meines Lieblingskrankenhauses. Ich hätte die Wette verloren.

Gleich der erste Tag zeigte mir, dass ich meine Erwartungen drastisch runterschrauben musste. Hygiene? Ja, aber nur in einem Mindestmaß. Ob ich die Geräte während meiner Schichten desinfizierte, blieb mir selbst überlassen – und ich glaube, ich war die Einzige, die es jeden Tag machte. Denn ich wollte die Maßstäbe, die ich erst wenige Tage zuvor gelernt und verinnerlicht hatte, nicht einfach aufgeben, nur weil es in der »Horrorklinik« kaum jemand ernst nahm. Es mag naiv klingen, aber ich wollte die Qualität hochhalten, obwohl ich dafür mehr arbeiten musste, was nicht unbedingt von den Kolleginnen begrüßt und geschätzt wurde. Ich wurde wie eine Aussätzige behandelt und geschnitten.

Diese Haltung passte zur Einstellung der Schwestern auf dieser Station. Sie machten es sich leicht, indem sie jede Unzulänglichkeit auf die Arbeitsbedingungen schoben. Da kann ich mich nur wiederholen: Die Frustration verstehe ich sehr wohl. Aber durch eine miserable Einstellung wird es nicht besser – schon gar nicht für die Patienten. Was ich da erlebte, spottet jeder Beschreibung. Einmal musste ich mehrmals hinschauen, um zu glauben, was ich sah: Eine Schwester saugte einem Schwerkranken Sekret aus dem Tracheostoma ab, ohne sterile Handschuhe anzuziehen. Das mochte gerade noch gehen. Kreuzgefährlich war jedoch, dass sie sich nicht einmal normale Handschuhe übergestreift hatte. Ihre Hände waren nackt – eigentlich ein absolutes No-Go auf einer Intensivstation.

Auch einige der Ärzte schienen vom Desinteresse infiziert zu sein. Ein 3MRGN-Patient musste isoliert werden, eine Assistenzärztin fragte: »Was ist denn 3MRGN? Noch nie gehört. Die denken sich auch immer was Neues aus.« Dass sie es nicht wusste, war das eine. Aber dann auch noch Witze zu machen, um die eigene Unfähigkeit zu überspielen, das andere. Ich wusste nicht, ob ich lachen oder weinen sollte. Selbst ich als Schülerin kannte den Begriff MRGN. Er ist eine Sammelbezeichnung für eine Gruppe verschiedener Bakterien, die gegen vier (4MRGN) oder gegen drei (3MRGN) bestimmte Arten von Antibiotika resistent sind. Als ich dann noch mit einem Arzt ein Erlebnis der besonders gefährlichen Art hatte, überlegte ich, die Zustände zu melden. Beim Legen eines arteriellen Zugangs vergaß er den Draht im Patienten. Erst als ich ihn darauf aufmerksam machte, entfernte er ihn. Der Arzt kam mir nicht nur lustlos vor, sondern ein bisschen verwirrt. Im Scherz dachte ich: Wer weiß, was der sich aus dem Giftschrank reingepfiffen hat? Gemeldet habe ich keinen der Fälle. Damals hatte ich Angst, dass man es mir heimzahlen würde. Ich wollte kein Kollegenschwein sein. Heute würde ich – wie jeder normale Mensch – sofort die Gesundheitsämter informieren.

Noch immer rätsele ich darüber, ob ein Zusammenhang zwischen fehlendem Interesse des Personals und eingesetzter Technik existierte. Denn wem Patienten nicht wirklich wichtig sind, der wird auch nicht scharf darauf sein, modernste

Gerätschaft einzusetzen. Aber vielleicht war das auch reiner Zufall. Wie auch immer: Ich ärgere mich, nicht damals ein Foto von dem merkwürdigsten Bronchoskop gemacht zu haben, das mir jemals unter die Augen kam. Bronchoskope sind Sonden, die durch die Nase oder den Mund in den Körper eines Patienten eingeführt werden, um Luftröhre und Bronchien zu untersuchen. Normalerweise sehen sie wie typische medizinische Hightech-Geräte aus, edel und hochwertig. Das Teil, mit dem ich es in der »Horrorklinik« zu tun hatte, musste aus einem Museum entsprungen sein, vielleicht stammte es noch aus DDR-Zeiten. Es war plump und wirkte, als hätte jemand zwei Blumenvasen mit einem Schlauch verbunden, durch den man mit dem bloßen Auge sehen musste, statt die Aufnahmen der Sonde am Computermonitor zu betrachten.

Ich war mit einer ausgebildeten Schwester zusammen, als ich das seltsame Bronchoskop erstmals zu Gesicht bekam. Ich musste mich sammeln, bevor ich sie halb entsetzt, halb kichernd fragte: »Was, bitte sehr, ist denn das?« Die Kollegin antwortete: »Unser Bronchoskop.« Ich erwiderte: »Das ist nicht dein Ernst, verarschst du mich?« Aus meinem Kichern wurde ein richtiges Lachen. Auch die Schwester fing an zu lachen und meinte: »Unglaublich, oder? Meine Reaktion war genau wie deine, als ich das Ding zum ersten Mal sah.« Wir scherzten noch ein bisschen und lachten gemeinsam, was gut war, weil es half, den Schock zu verdauen.

Zum Ende meiner drei Lehrjahre landete ich im Paradies für junge Krankenschwestern und Pfleger: auf der Schulstation. Das war eine ganz normale chirurgische Abteilung einer Klinik mit Stationsleiter, Stellvertreter und den festangestellten Kolleginnen. Das Stammpersonal war anwesend, um zu schauen, dass alles seinen geregelten Gang ging und ob wir Hilfe brauchten. Ansonsten wurde das Geschick der Station für mehrere Wochen uns Schülern überlassen. Wir sollten abschließend trainiert werden, um künftig selbstständig arbeiten zu können.

Im Grunde managten wir die Station, was eine gute Erfahrung war. Die Leitung nutzte die Chance, Dienstpläne zu schreiben, Verwaltungskram und organisatorische Dinge zu erledigen. Der Rest der Besetzung arbeitete wie sonst auch. Der einzige Unterschied war: Wir waren sehr viele. Es war der pure Luxus, wie im Schlaraffenland. Es tummelte sich so viel Personal auf der Station, wie es normalerweise nie und nimmer der Fall ist. Nicht nur ich dachte: So wäre es also, wenn genug Mitarbeiter zur Verfügung stünden. Einfach wunderbar. Wir hatten Zeit für die Patienten, konnten mit ihnen auch mal länger als eine Minute reden und uns ihre Sorgen und Nöte anhören, kurzum: ihnen und uns ein gutes Gefühl geben. Stress war an diesen Tagen ein Fremdwort. Das war das erste und letzte Mal in den drei Jahren Ausbildung, dass wir die schlaue Theorie der Lehrbücher in die Praxis umsetzten. Ich bin sicher, nicht nur mir, sondern allen war bewusst, dass wir es so nie wieder erleben würden. Und ich glaube, deshalb hat jeder Einzelne die Zeit genossen.

Das Examen rückte näher und man musste sich langsam entscheiden, für welche Station man sich bewerben wollte, falls man in dem Beruf und bei dem Arbeitgeber bleiben wollte. Ein Einsatz während der drei Jahre hatte mich auf die Suchtstation einer Psychiatrie geführt. Ich mochte die Arbeit sehr, weil man dort Menschen mit den unterschiedlichsten Schicksalen kennenlernt, manchmal arme und traurige Gestalten, die für mich alle etwas sehr Berührendes hatten. Suchtkrankheiten sind brutal und sie zu überwinden ist für die Betroffenen oft ein langer und schwerer Weg, den sie ohne professionelle Hilfe kaum schaffen. Ich finde es richtig und gut, dass ein Sozialstaat auch und gerade solche Leute nicht im Stich lässt.

Wegen einer großen Umstrukturierung der Stationen klappte es leider dort nicht. Man eröffnete mir zwei Möglichkeiten. Die eine war, mit einem unbefristeten Vertrag auf einer geschlossenen Gerontopsychiatrie anzufangen und auch nach dem Umzug der Station dort zu bleiben. Option Nummer zwei war, auch auf der geschlossenen Gerontopsychiatrie – dort werden nur ältere Menschen mit psychischen Problemen behandelt – zu starten und dann auf eine gemischte Station mit Patienten mit affektiver Störung, Sucht und Gerontopsychiatrie zu wechseln. Der Haken an Variante zwei war eine Befristung. Ich vermute, dahinter steckte die Hoffnung, dass ich mich wegen der unbefristeten Anstellung eher für die geschlossene Gerontopsychiatrie entscheiden würde. Trotzdem wählte ich die andere Option. Ich wollte unbedingt Suchtkranken helfen.

Die Examensphase war sehr anstrengend, der Druck enorm. Wir wussten aus den Jahren davor, dass längst nicht alle gleich beim ersten Mal die Abschlussprüfung geschafft hatten und manche ganz durchgefallen waren. Ich büffelte tage- und wochenlang für die schriftliche und mündliche Prüfung, vergrub mich in Bücher und Lernkarten. Manchmal fragte mich meine Mutter ab, oder ich traf mich mit einer Freundin zum Lernen. Der Umfang des Stoffes war immens, ich wusste nicht so recht, was ich zuerst lernen sollte. Aber es hieß, dass alles drankommt, was zu dem Job gehört. Die schriftlichen Prüfungen dauerten drei Tage, in denen jeweils ein Fachthema getestet wurde: Anatomie, danach Pflege und zuletzt Recht und Gesetz. Die drei Tage stand ich total unter Strom. Aber sie gingen vorbei.

Anschließend folgte die praktische Prüfung, bei der jede Schülerin und jeder Schüler sofort danach erfuhr, ob man bestanden hatte oder nicht. Ich erwischte einen sehr heißen Tag mitten im Hochsommer. Ich schwitzte so sehr, dass meine Arbeitskleidung an meinem Körper klebte. Aber ich bestand.

Doch der schlimmste Test sollte noch folgen: die mündliche Prüfung. Mein Kopf fühlte sich an wie ein einziger riesiger Hohlraum. Ich hatte das Gefühl, dass alles, was ich gelernt hatte, verschwunden war. Alles umsonst, dachte ich, felsenfest davon überzeugt, dass ich es nicht packen würde. Ich hatte auch schon die Schuldige für das sich anbahnende Debakel gefunden: Nina Böhmer. Ich machte mir Vorwürfe, nicht schon früher mit dem Lernen begonnen zu haben, und verfluchte mich.

Wer wann dran war, richtete sich nach dem Anfangsbuchstaben des Nachnamens. Ein Glück, dass ich nicht Zabel heiße. Dafür hatte ich dann umso mehr Zeit zu grübeln, was aus mir werden sollte, wenn die drei Jahre umsonst gewesen wären. Jeder musste eine Karte ziehen, auf der das Prüfungsthema stand. Ich drehte meine rum und las: »Rheumatoide

Arthritis«. Es war der allererste Stoff, den ich in der Prüfungs-vorbereitung durchgearbeitet hatte. Wie durch ein Wunder verwandelte sich der Hohlraum unter meiner Schädeldecke zurück in ein Hirn. Es meldeten sich jene Regionen zurück, in denen ich mein Wissen zu rheumatoider Arthritis abgespeichert habe. Alles, was ich dazu gelernt hatte, schoss mir plötzlich wieder in den Kopf. Ich breitete also mein Wissen vor der vierköpfigen Prüfungskommission aus und konnte alle Fragen beantworten.

Die mündliche Prüfung war schon schlimm, aber nun wurde es noch brutaler. Das Warten auf das Ergebnis stand an. Ich bin ein ungeduldiger Mensch, diese Stunden waren quälend, sie wollten einfach nicht vergehen. Drei Fragen machten es sich in meinem Kopf bequem und nervten mich ununterbrochen: Habe ich wirklich alles Nötige gesagt? War es richtig? Und vor allem: Habe ich bestanden oder nicht?

Immer mehr Leute aus meiner Klasse kamen aus den Prüfungsräumen und jeder erzählte, wie es bei ihm gelaufen war. Seltsam, alle hatten ein mieses Gefühl. Jeder war sich sicher, es verbockt zu haben. Meine Standardantwort lautete: »Ich habe wohl auch nicht bestanden.« Aber gleichzeitig ermutigte ich meine Klassenkameraden, die Hoffnung nicht fahren zu lassen: »Ach komm, du hast es bestimmt gepackt«, sagte ich ein ums andere Mal und meinte damit vermutlich auch mich selbst.

Normalerweise verläuft die Verkündung der Ergebnisse so, dass jeder Azubi einzeln aufgerufen wird und gesagt bekommt, ob sie oder er das Examen bestanden hat oder nicht. Wir saßen zusammen in einem großen Raum und warteten, dass es losgehen würde. Endlich ging die Tür auf, die Prüfer und eine Frau vom Berliner Senat gesellten sich zu uns. Sie erklärten, es heute einmal ganz anders zu machen als sonst, und fragten, ob wir damit einverstanden seien, dass sie die Ergebnisse vor allen Schülern verkünden würden. Es herrschte Totenstille, alle schauten sich verwundert an und ich glaube, jeder einschließlich meiner Person dachte: Lieber nicht, diese Peinlichkeit und Demütigung erspare ich mir, wenn ich der einzige Trottel bin, der durchgefallen ist.

Weil niemand etwas sagte, fragte die Frau nochmals: »Dürfen wir die Ergebnisse hier vor allen verkünden?« Wieder großes Schweigen. Wir waren megaverunsichert. Die Stille war bedrückend. Man hätte eine Stecknadel auf den Boden fallen gehört. Dann wartete die Frau nicht mehr auf unsere Einwilligung und verkündete jedes Wort einzeln betonend: »SIE. HABEN. ALLE. BESTANDEN!«

Ich werde diesen Moment nie vergessen. In dieser Sekunde zerbarst die Stille durch einen riesigen Jubelschrei. Alle umarmten sich, viele weinten und versuchten, ihr Glück zu fassen. Bei jedem Einzelnen fiel der immense Druck ab. Auch mir rannen die Freudentränen über die Wangen. Ich war so froh, dass sich der ganze Stress der drei Jahre gelohnt hatte. Ich war da, wo ich hinwollte. Ab sofort durfte ich mich Krankenschwester nennen. Die Frau vom Senat erklärte noch: »Sie sind die erste Klasse seit fünf Jahren, die komplett bestanden hat.«

4

NACHTSCHICHT

Wie es halt so ist mit Träumen, die in Erfüllung gehen: Sie sind dann keine mehr.

Nun war ich also examinierte Krankenschwester und endlich das Wort »Auszubildende« auf meinem Namensschild los. Aber wenn ich ganz ehrlich bin: Ich mochte meinen ersten festen Job nicht besonders. Bitte nicht denken, dass ich ihn deshalb nach dem 08/15-Prinzip erledigte – überhaupt nicht. Ich engagierte mich wie eh und je, rannte wie eine Marathonläuferin zwischen den Krankenzimmern umher und ging nach jedem Dienst platt wie eine Flunder nach Hause. Ich hatte auch kein Problem damit, jetzt Verantwortung zu tragen, ohne einen Back-up im Hintergrund zu haben, der mir zur Not beispringen kann.

Mir missfielen die Umstände auf der geschlossenen Gerontopsychiatrie. Am schlimmsten fand ich, dass wir sämtliche Patienten zur Nacht fixierten, also auf ihren Betten festschnallten. Das passt nicht zu meinem Ideal, andere nur so zu behandeln, wie ich selbst behandelt werden möchte. Es hieß, das Fesseln – denn sind wir ehrlich, nichts anderes ist das »Fixieren« – diene dem Selbstschutz, damit keiner nachts durch die Gegend irre und sich verletze, was ich für eine Ausrede und ein Unding hielt. Der Grund war nach meiner Vermutung: So konnten Patienten keinen Ärger machen. Es war nicht in ihrem, sondern im Interesse der Klinik. Ich bin heilfroh, dass das Bundesverfassungsgericht mittlerweile die Vorgaben für das Fixieren von Menschen in der Psychiatrie verschärft hat. Was ich damals erlebte, wäre heute nicht mehr in dem Ausmaß möglich. Manchmal führt am Festschnallen kein Weg vorbei. Aber es sollte gut begründet und bedacht sein, was es für einen Menschen bedeutet. Auch für psychisch Kranke gelten die Menschenrechte.

Dass die Gerontopsychiatrie in Deutschland zunehmend wichtig geworden ist, hat mit der gestiegenen Lebenserwartung bei uns und in vielen anderen Industriestaaten zu tun. Nicht alle alten und sehr alten Menschen bleiben körperlich und seelisch fit, viele landen mit Depressionen oder schlimmer Demenz in der Gerontopsychiatrie, die der Volksmund nicht zu Unrecht »Alterspsychiatrie« nennt. Betroffene brauchen viel medizinische und pflegerische Zuwendung, damit sie ihre körperlichen und geistigen Fähigkeiten erhalten oder verbessern, um hoffentlich wieder in den gewohnten Alltag zurückkehren zu können.

Der Pflegeaufwand der Patienten auf der Station war enorm. Wir führten die Körperpflege schon immer im Nachtdienst durch, damit die Frühschicht entlastet wurde. Wie das Fixieren entsprach auch das nächtliche Waschen nicht meinen Vorstellungen vernünftiger Gesundheitspflege, wozu nicht gehört, Menschen am Schlafen zu hindern. Ich will nicht behaupten, dass die gerontopsychiatrische Station, auf der ich arbeitete, eine Art Verwahranstalt für verwirrte und – im wahrsten Sinne des Wortes – nicht besonders pflegeleichte

Alte war. Aber wir müssen aufpassen, dass es niemals in diese Richtung geht.

Ich war neu in der Abteilung, ängstlich und fügte mich, zumal jeder Versuch einer Diskussion über Sinn oder Unsinn einzelner Maßnahmen und Arbeitsgänge mit dem Satz abgebügelt wurde: »Das machen wir schon immer so.« Was sollte ich – auch noch als Krankenschwester, die erst wenige Tage zuvor die Prüfung abgelegt hatte – gegen ein solches Totschlagargument ausrichten? Ich glaube, den Spruch bekommen alle frisch examinierten Schwestern und Pfleger früher oder später zu hören. Ich verstand das nie. Ich weiß, die meisten Menschen mögen keine Veränderungen. Im gewohnten Trott zu arbeiten, nichts in Frage zu stellen, hat Vorteile. Aber sollte man sich nur aus Bequemlichkeit Korrekturen verweigern? Besser nicht.

Das Glück wollte sich nicht so recht einstellen. Ich sagte mir, zwei Monate werde ich schon durchhalten, dann zieht die Station sowieso um und in der neuen Struktur wird alles besser.

So kam es dann auch. Ich landete in einer offenen Station, auf der das Fixieren der Patienten eine absolute Ausnahme wurde. Ich arbeitete wieder gerne, fühlte mich wohl und kam mit den Kollegen prima aus. Auf einer psychiatrischen Station ist der Zusammenhalt im Team äußerst wichtig, weil man hier einer großen seelischen Belastung ausgesetzt ist. Jede Krankenschwester, jeder Pfleger muss für sich die richtige Balance aus Empathie und Abgrenzung finden, um nicht selbst verrückt zu werden. Gerade wer wie ich ein gefühlvoller und empfindsamer Mensch ist, muss gut aufpassen, sich nicht vom Leid der Patienten runterziehen zu lassen. Ich gebe mir Mühe, mich in jeden Einzelnen hineinzuversetzen und zu verstehen, warum er gerade froh, traurig oder wütend ist. Wie schon gesagt: Empathie ist unglaublich wichtig in meinem Beruf. Aber man muss sich auch distanzieren und den Schalter umlegen können, wenn man den weißen Kittel gegen die Alltagsklamotten tauscht. Verlasse ich die Station, muss ich die Verbindung zu den Patienten kappen – einen Tag später stelle ich sie wieder her. Dazwischen bin ich Privatperson. Wäre es nicht so, würde ich wahrscheinlich jede Schicht acht Stunden lang weinend über die Station laufen und daheim auch noch heulen wie eine Schlosshündin.

Einmal nahmen wir eine stark depressive Frau um die siebzig auf, die nicht mehr essen und reden wollte, was es für uns Pflegekräfte alles andere als einfach machte. In solchen Fällen ist man plötzlich mit der eigenen Hilflosigkeit konfrontiert, die vor allem darin besteht, helfen zu wollen, aber nicht zu können. Die Patientin gab allen unmissverständlich zu verstehen, dass sie in Ruhe gelassen werden wollte. Ich hatte Spätschicht und ging mit einem Essenstablett zu der alten Dame, um ihr wenigstens etwas anzubieten, auch wenn sie voraussichtlich ablehnen würde. Ich stellte ihr die Mahlzeit hin und fragte vorsichtig, ob sie vielleicht doch ein wenig zu sich nehmen möchte. Sie winkte barsch ab. Eine Krankenschwester zwingt keinen Patienten zum Essen, also verließ ich das Zimmer.

Zwanzig Minuten später schaute ich nochmals bei ihr vorbei. Sie lag exakt wie vorher da, als wäre sie aus Stein. Das Essen hatte sie nicht angerührt. Ich hockte mich zu ihr ans Bett.

Ihr starrer Blick ging ins Leere. Ich sprach sie an, aber sie ignorierte mich. Mit sanfter Stimme versuchte ich es noch einmal, blickte die alte Frau ruhig an. Tatsächlich erwiderte sie nun meinen Blick, schaute aber echt fies drein, als wäre ich der Teufel persönlich. Ihre Augen waren leer. Ich unternahm einen weiteren Anlauf, sie davon zu überzeugen, ein klein wenig zu essen, ohne dabei aufdringlich zu werden. Ich stellte ihr noch zwei, drei Fragen, die man unter anderen Umständen als belanglos bezeichnen würde. Sie schwieg eisern.

Ich wollte gerade aufgeben, da fing die Patientin auf einmal an zu reden. Sie erzählte mir vom Tod ihres Mannes einige Wochen zuvor. Er hatte einen besonders bösartigen Krebs, muss sehr gelitten haben, und sie pflegte ihn zu Hause, was sie wohl als letzte Aufgabe ihres Lebens betrachtet hatte. Sie sprach mit ruhiger und glasklarer Stimme. »Jetzt, wo mein Mann tot ist, habe ich keinen Grund mehr zu leben. Ich bin alt und habe mein Leben gelebt«, sagte sie und fuhr fort: »Ich habe keinen Hunger und keinen Durst. Ich möchte nur in Ruhe gelassen werden und in Frieden sterben, damit ich wieder bei meinem Mann bin.«

Sie hatte auch schon einen Plan. Sie wollte, wenn sie wieder daheim wäre, die übrig gebliebenen Morphin-Tabletten ihres Mannes schlucken. Wahrscheinlich hätten die meisten meiner Kolleginnen versucht, die Frau zu überreden, es nicht zu tun. Natürlich bestärkte auch ich sie nicht, ihren Plan durchzuziehen – das hätte ich schon aus berufsethischen Gründen nicht gedurft. Aber tief in meiner Seele konnte ich sie zu hundert Prozent verstehen. Es klang wirklich so, als hätte sie mit allem Irdischen abgeschlossen, als wäre nach dem Tod ihres Mannes auch das Leben aus ihr gewichen. Der alten Dame war nicht nur der liebste Mensch auf der Welt abhandengekommen, sondern offenbar auch der Sinn ihres Daseins.

Wir redeten noch sehr lang, angesichts der Hektik und der Aufgaben, die auf mich warteten, viel zu lang. Irgendwann verließ ich die Frau und das Zimmer. Ich war bestürzt und traurig. Die Patientin hatte mich tief in ihr Schicksal und ihre Depression reingezogen, dass ich ein, zwei Tage brauchte, die Traurigkeit wieder loszuwerden. Aber der Gedanke, dass die Frau mit ihrer ganz eigenen Sicht auf die Dinge Recht hatte, ist bis heute in mir wach. Ich glaube, dass die Gesellschaft lernen sollte zu akzeptieren, wenn jemand mit seinem Leben abgeschlossen hat. Wenn ein Mensch unheilbar krank oder uralt ist und er nicht mehr leben will, warum kann man ihm dann den Tod nicht zugestehen? Es sind ja oft nicht die Betroffenen, die Angst vor dem Tod haben, sondern die Angehörigen, die nicht loslassen können oder wollen. Wer könnte das nicht verstehen? Einen lieben Menschen zu verlieren ist brutal. Doch wenn ein Sterbenskranker den Tod als Erlösung betrachtet, warum sollte man ihn dann nicht gehen lassen? Ich weiß, das ist eine schwierige Debatte, erst recht in einem christlich geprägten Land wie Deutschland. Trotzdem glaube ich, dass wir sie führen sollten.

Es waren solche Erlebnisse, die das Arbeiten in der Psychiatrie zu etwas Besonderem machten. Und vielleicht wäre ich noch immer dort, wäre nicht das Monster aufgetaucht, über das im Gesundheitswesen zu Recht geklagt wird: die Bürokratie. In meinen Lehrjahren war ich davon weitgehend verschont geblieben, nun aber wurde der Papierkram zur Norm. Von ganz oben kamen ständig neue Ansagen, was wir ab sofort auch noch schriftlich festhalten mussten: Dinge, die unglaublich viel Zeit in Anspruch nahmen, die die Kollegen und ich besser für die Patienten gebraucht hätten. Ich wusste schon bald nicht mehr, ob mich die Klinikleitung, die auch nur Vorgaben »von oben« umsetzte, als Krankenschwester oder als Schreibkraft eingestellt hatte. Hätte die Bürokratie nur genervt, wäre sie noch okay gewesen. Aber das ewige Geschreibe in Vordrucke, in Spalten und Tabellen zog mich runter, es demotivierte mich regelrecht.

Der Frust der Belegschaft landete bei der Stationsleitung. Sie konnte gar nichts dafür, bekam aber alles ab, was die Politik verbockte und die Klinik pflichtbewusst umsetzte. Ich würde mich niemals als Stationschefin bewerben. Man müsste mich dazu zwingen. Aber freiwillig – nie und nimmer. Man gerät in eine Sandwich-Position: Von unten kriegt man den Unmut des eigenen Teams ab und von oben gibt es ständig was von den Vorgesetzten auf den Deckel, die für den gesamten Pflegedienst verantwortlich sind.

Während meiner Berufsjahre waren meine obersten Vorgesetzten häufig Männer, was schon deshalb seltsam ist, weil etwas mehr als drei Viertel aller Beschäftigten im Gesundheitswesen Frauen sind. Nicht, dass ich etwas gegen Männer hätte. Aber dass in einem Frauenberuf so gut wie immer Kerle das Sagen haben, stößt mir auf. Von der Bezahlung ganz zu schweigen. Obwohl es in der Corona-Zeit überwiegend Frauen waren, die, wie es Angela Merkel ausdrückte, »den Laden am Laufen hielten«, sind es Männer, die »den Laden« führen. Ich finde es traurig, dass sich Frauen in der Krise als Stützen des Systems hervortaten, aber ihre Bedeutung weder beim Gehalt noch dadurch sichtbar wird, dass sie die Mehrheit der

Führungspositionen innehaben. Bei der Stationsleitung ist für Frauen in der Regel Schluss. Alles, was hierarchisch darüber steht, machen Männer.

Druck macht etwas mit Menschen. Das habe ich in den Jahren in verschiedenen Krankenhäusern mitbekommen. Ich hatte eine Kollegin auf meiner Station, die Probleme hatte, im Nachtdienst zu arbeiten. Sie hielt den Stress auf Dauer nicht aus, wurde mehr und mehr zum Nervenwrack und ging schließlich zum Betriebsarzt, der ihre Not erkannte und sie vom Nachtdienst freistellte. Für uns Kollegen war das vollkommen in Ordnung. Wir hatten sie gesehen und wussten, dass es ihr wirklich dreckig ging. Wir teilten ihre Nachtschichten untereinander auf, was für uns als Team überhaupt kein Problem war. Doch die Chefs der Pflege, beides Männer, waren überhaupt nicht begeistert davon. Sie kamen im Militärschritt zur Station, stolzierten durch die Gänge und baten die Stationsleiterin zum Gespräch und befahlen ihr zu erklären, warum die Kollegin keine Nachtdienste mehr machen könnte. Die Stationsleiterin verweigerte unter Hinweis auf ihre Schweigepflicht die Auskunft. Auch der Betriebsarzt berief sich darauf. Der betroffenen Kollegin machten die Chefs danach die Hölle heiß, gefälligst wieder Nachtschichten zu übernehmen, setzten sie moralisch unter Druck. Später erzählte die Frau, was sie zu hören bekam: »Sie lassen Ihre Kolleg*innen hängen, wenn Sie keine Nachtdienste mehr machen.« Auf gut Deutsch: Sie wurde als Kollegenschwein hingestellt. Mir schien, dass die Pflegedienstleitung ein Exempel statuieren wollte, damit sich das niemals wieder jemand traut. Die Betroffene war völlig eingeschüchtert und machte sich

Vorwürfe, etwas Falsches getan zu haben. Ich versicherte ihr: »Rede dir bloß nicht solchen Unsinn ein. Du brauchst dir keine Gedanken darüber machen, wir stehen als Team geschlossen zu dir.« Aber ich merkte, wie doll sie sich von den Chefs bedrängt fühlte und wie sehr sie der Konflikt mitgenommen hatte.

Auch für mich sind Nachtschichten zum Albtraum geworden. Sie könnten an und für sich Dienste sein, die sich von dem, was wir Schwestern und Pfleger tagsüber erledigen, nicht wesentlich unterscheiden. Sind sie aber so gut wie nie. Der Druck ist viel zu groß. In einer Nacht im März 2015 schwärmten Mitglieder der Gewerkschaft Verdi bundesweit aus, um Beschäftigte in Kliniken während der Arbeit zwischen 22 Uhr und 6 Uhr zu befragen. Das Ergebnis zeigte das ganze Elend. Fast zwei Drittel waren nachts allein auf Station. Im Durchschnitt betreuten sie 26 Patientinnen, auf jeder sechsten Station mehr als 30. In vier von 100 Stationen war eine Pflegefachkraft allein für 40 und mehr Kranke zuständig.[6]

Auch wenn die ver.di-Umfrage nun schon wieder eine Weile her ist, bin ich absolut sicher, dass sich seitdem an dem katastrophalen Zustand nichts geändert hat – jedenfalls nicht zum Besseren. Man muss weder examinierte Krankenschwester noch studierter Arzt sein, um zu erahnen, dass die Unterbesetzung für niemanden gut ist. Sie erhöht nicht nur den Stressfaktor und die Burnout-Anfälligkeit der Beschäftigten in Kliniken und Altenheimen, sondern auch die Fehleranfälligkeit zu Lasten der Patienten und Senioren. Mit Pflege, wie ich sie mir vorstelle, hat das nicht viel zu tun. Es fördert nicht die Gesundheit der Patienten, aber ruiniert die der Schwestern und Pfleger.

Es wundert mich null, dass viele Pflegekräfte Rückenprobleme haben. Glauben Sie mir, es ist nicht schön, allein einen übergewichtigen Patienten zu wenden, was nachts die Regel ist. Wir können aber nicht sagen: Pfeif drauf. Das wäre fatal für Bettlägerige. Das Risiko eines Dekubitus würde steigen. Ein Dekubitus ist das, was der Volksmund als Wundliegen bezeichnet. Es handelt sich um ein Geschwür, das durch ständigen starken Druck entsteht. Anfällig sind Körperstellen, wo unter der Haut direkt ein Knochen ist, aber auch das Gesäß. Die Wunden können Haut, darunter liegendes Gewebe und in besonders schlimmen Fällen sogar Knochen erfassen. Sie heilen nicht gut, je tiefer sie liegen, desto schlechter. Manchmal muss der Patient sogar operiert werden.

Der beste Schutz vor dem Wundliegen ist das Wenden der Patienten, damit sich das Körpergewicht ständig anders verteilt und einzelne Hautstellen mal ent- und dann wieder belastet werden. Sehr schwere und dünne Menschen sind besonders anfällig für Dekubitus. Bei den einen ist es der Druck, der für Gefahr sorgt, bei den anderen das fehlende Fettpolster zwischen Haut und Knochen. Leichtgewichte in eine andere Schlafposition zu bringen, ist kein Thema. Schwere Leute hingegen sind für jede Krankenschwester eine besondere Last. Da es unverantwortlich wäre, dicke Patienten einfach nicht zu wenden, gibt jede und jeder ihr bzw. sein Bestes. Ergebnis: Ich bin nach etlichen Nachtschichten mit höllischen Rückenschmerzen eingeschlafen. Und dabei bin ich noch jung. Wie soll es dann erst einer Kollegin gehen, die den Job seit 25 Jahren macht?

In Nachtschichten hatte ich ständig den Wunsch, zaubern zu können wie Hermine Granger. Denn Schwester Hermine könnte im Gegensatz zu Schwester Nina gleichzeitig an mehreren Orten sein und ihre Superkräfte dafür nutzen, Patienten zu wenden, ohne dass es im Rücken kracht. Um klarzumachen, was ich meine, schildere ich den Dienst einer x-beliebigen Nacht, wie ich sie in etwa immer wieder erlebt habe und wie sie garantiert Zehntausende Pflegekräfte schon ähnlich hinter sich haben.

Ich bin allein im Nachtdienst und zuständig für 28 Patienten. Drei von ihnen haben soeben – und leider gleichzeitig – geklingelt, einer vorne, einer in der Mitte und einer am Ende des Flurs. Es ist das Signal, das anzeigt, dass jemand meine Hilfe benötigt. Das ist okay, dafür sind die Klingeln und Schwestern schließlich da. Ich bin gerade dabei, die Medikamente für die Patienten zu sortieren – Fehler sind nicht gestattet. Aber schon das Hören des Klingeltons erhöht automatisch das Stresslevel. Wohin zuerst? Ich entscheide mich für die naheliegende Tür in der Mitte. Ein kraftloser Mann muss auf Toilette, packt es aber nicht und bittet um Hilfe. Also bringe ich ihm die Bettpfanne, schiebe sie ihm unter den Po, kündige an, ganz bald wieder da zu sein, und bitte ihn um ein klein wenig Geduld. Ich mache die Klingel aus und verschwinde.
Schnellen Schrittes gehe ich in das Zimmer am Anfang des Gangs. Oje, ein Mann liegt am Boden, geklingelt hat ein Bettnachbar. Ich versuche, den Mann aufzuheben. Da ich die normalsterbliche Schwester Nina und nicht die Zauberstab schwingende Schwester Hermine bin, schaffe ich es

nicht. Der Patient ist zu schwer. Ich lege ihm eine Decke über den Körper, messe Blutdruck und Blutzucker und telefoniere nebenbei mit dem diensthabenden Arzt, der informiert werden muss. Die Werte des Mannes sind gut, also kein Notfall. Das ist ein Lichtblick in dieser Nacht. Danach versuche ich, den Springer zu erreichen. Das ist ein Pflegehelfer, der für solche Situationen da ist, ohne einer bestimmten Station zugeteilt zu sein. Er geht dort zur Hand, wo Bedarf besteht. Nebenbei: Nicht alle Krankenhäuser haben Springer im Einsatz.

Ich weiß noch immer nicht, was dem dritten Patienten, der geklingelt hat, fehlt. Er könnte in schlimmer Not sein oder Hilfe anfordern, weil der Bettnachbar böse Schmerzen hat oder aus dem Fenster gesprungen ist. Schwester Nina weiß es nicht und kann sich nicht teilen. Nun klingelt es wieder im Zimmer in der Mitte: Ach Gottchen, denke ich, der arme Mann sitzt immer noch auf seiner Bettpfanne. Mist! Er tut mir leid. Denn zu lange auf dem Topf zu sitzen kann auf Dauer schmerzen. Außerdem bereitet es Ekel, eine halbe Stunde direkt über den eigenen Ausscheidungen zu sitzen. Aber er muss warten. Der Gestürzte, der immer noch am Boden liegt, hat Priorität. Der Springer kommt und wir hieven den Mann ins Bett, was selbst zu zweit nicht einfach ist. Ich bitte den Helfer, auf den Arzt zu warten. Der Springer aber muss schon wieder zum nächsten Notfall. Also bleibe ich in dem Zimmer. Der Arzt ist schnell da und untersucht den Patienten. Es ist nichts Schlimmes. Wir sind beruhigt, ich atme kurz durch.

Endlich kann ich an das andere Ende des Gangs laufen, wo Patient Nummer drei nun schon 35 Minuten wartet. Ich komme herein, er guckt grimmig und sagt: »Sauerei! Ich habe vor über einer Stunde geklingelt.« Ich halte es für sinnlos zu widersprechen, es zu erklären, und antworte nur: »Tut mir leid, ich wurde aufgehalten.« Er guckt misstrauisch. Es ist mir egal, ob er mir glaubt oder nicht. Sein Anliegen ist eher banal. Er will, dass ich das Fenster schließe, ihm sei kalt. Ich tue es, wünsche eine gute Nacht und begebe mich zu dem Patienten, der nach wie vor auf der Bettpfanne sitzt, um ihn von dieser zu befreien. Er lächelt, als er mich sieht. Das tut gut in dem Augenblick, nicht noch einmal mit »Sauerei« empfangen zu werden. Ich sage: »Tut mir leid, ich wurde aufgehalten.« Er lächelt wieder und gibt mir zu verstehen, dass er mir nicht böse ist und mir verziehen hat. Danke, denke ich und gehe, um endlich wieder die Medikamente zu sortieren. Zur Sicherheit überprüfe ich die, die ich schon gestellt hatte. Man weiß ja nie. Es muss fix gehen. Mein zweiter Rundgang durch alle Zimmer steht an. Ich muss mehrere Patienten wenden und bei einigen das Inkontinenzmaterial wechseln. Immerhin schweigt die Klingel. Es geht auf 5 Uhr zu. In Gedanken bereite ich die Übergabe vor. Eine Kollegin aus der Frühschicht fragt: »Wie war es?« Ich sage: »Wie immer, nichts Besonderes, nur stressig.«

In der Psychiatrie hatten wenigstens immer zwei Pflegekräfte Nachtdienst auf einer Station. Der Stress ist dort allerdings auch ein anderer, weil die Patienten in der Regel keine frisch Operierten sind, die froh sind, wenn sie schlafen. Der Streit um die Kollegin, die nachts nicht mehr arbeiten wollte, konnte und durfte, war ein Vorbote für eine Verschlechterung des

allgemeinen Arbeitsklimas. Es kam zu Frotzeleien, Boshaftigkeiten und sogar Mobbing. Offener Streit, Zickenkriege und
seelische Schikane sind nach meiner Beobachtung ein großes Thema in etlichen Teams und Stationen, vielleicht sogar
den meisten. Der Druck, unter dem alle stehen, sucht sich
Ventile, was leider auch in Mobbing mündet. Ich vermute,
dass schlechtes Arbeitsklima stark zum Personalmangel in
Kliniken beiträgt. Manche Krankenschwester und mancher
Pfleger ergreifen die Flucht, weil sie keine Lust auf fiese Spiel-
chen und Stänkereien haben. Manchmal kommt mir das
Ganze wie ein bitterböser Teufelskreis vor: In Teams und Stationen herrscht Personalmangel, weil Neulinge rasch wieder
kündigen und die Alteingesessenen mit ihrem Frust zurück-
bleiben, den der nächste Neuling wiederum abbekommt und
dann ebenfalls bald das Weite sucht.

Mir jedenfalls ging es so. Ich war nicht mehr zufrieden mit
der Arbeit in der Psychiatrie, zumal die Patienten aus meiner
Sicht inzwischen viel zu kurz kamen. Außerdem kam ich im
Oktober 2017 mit Sam zusammen. Ich war frisch verliebt und
wollte ihn gerne sehen, am liebsten auch mal spontan. In der
Psychiatrie arbeitete ich Vollzeit im Drei-Schicht-System. Natürlich konnte ich Wünsche äußern, was meine freien Tage
anging, aber der Dienstplan wurde schon drei Monate im Voraus geschrieben und war unverrückbar. Urlaubswünsche
musste man gar ein Jahr vorher anmelden. Kinderlose haben
keine Chance, während der Schulferien länger frei zu bekommen. Angebote, im Ein- oder Zweischichtsystem zu arbeiten,
gibt es in Krankenhäusern selten. Überall heißt es: entweder
Drei-Schicht-System oder gar nicht. Ich kann das aus Sicht
der Kliniken nachvollziehen, die wollen Planungssicherheit.

Aber ich befürchte, auch das ist ein Grund, warum so viele Pflegekräfte Krankenhäusern schnell den Rücken kehren.

Die starren Regeln nahmen mir jede Spontanität und Flexibilität. Wenn man frisch verliebt, die Sehnsucht riesig ist, aber der Partner nicht um die Ecke, sondern in England wohnt, ist es schwer zu ertragen, Wochen voraus ein langes Wochenende einplanen zu müssen. Ich kündigte und wechselte zu einer Zeitarbeitsfirma. Wenn ich sage, dass ich als Leasing-Kraft arbeite, denken die allermeisten an Ausbeutung nahe der Sklaverei. Ich kläre sie dann auf, dass das nicht der Fall ist. Es fängt schon mit dem Irrtum an, dass viele denken, dass man als Zeitarbeiter vogelfreie, verfügbare Masse ohne Arbeitnehmerrechte sei. Unsinn. Mag sein, dass es schwarze Schafe unter den Leasing-Firmen gibt, die ihre Leute ausnehmen. Meine persönlichen Erfahrungen sind allerdings durchgehend gut. Und das hat Gründe.

Erstens verdient man als junge Pflegekraft meistens etwas mehr in einer Zeitarbeitsfirma als in einem Krankenhaus. Zweitens ist man flexibel. Ich bestimme selbst über meinen Dienstplan. Wenn ich keine Nachtdienste machen und nicht an Feiertagen oder Wochenenden arbeiten möchte, muss ich es auch nicht. Drittens kann ich meinen Urlaub nehmen, wann ich Lust habe, ohne ein Jahr vorher einen Antrag zu stellen. Im Gegenzug muss man bereit sein, zur Arbeitsstelle quer durch die Stadt zu fahren, sich ständig neu einzuarbeiten und keinen festen Kollegenkreis zu haben. Häufig muss man sich auf der Toilette oder sonst wo umziehen und kriegt keinen Schrank zur Aufbewahrung seiner Klamotten.

Mich stört das alles nicht. Im Gegenteil. Denn jede weitere Station bringt, wie es in der Ausbildung war, neue Erfahrungen und neues Wissen. Man lernt ja bekanntlich nie aus im Leben. Tatsächlich höre ich von festangestellten Kolleginnen, auch älteren, immer wieder die Sätze: »Davon habe ich keine Ahnung. Ich weiß nicht, wie das geht.« Ich werde mich hüten, dafür jemanden zu verurteilen. Es ist normal, dass eine Krankenschwester, die jahrelang in ein und derselben Fachrichtung arbeitet, nicht über sämtliche neue Behandlungsmethoden und -techniken anderer Fachgebiete Bescheid weiß. Die Spezialisierung auf einen Bereich hat auch Vorteile.

Aber das bedeutet dann eben auch, dass viel im eigenen Saft geschmort und weniger über den Tellerrand geschaut wird. Ich erlebte einmal, dass eine Kollegin nicht wusste, wie man eine Redon-Drainage bei einem Patienten entfernt. Sie konnte es auch gar nicht wissen, weil sie in der Inneren Medizin mit einer Redon-Drainage, die dazu dient, dass Blut und Wundsekret ablaufen können, keine Erfahrung hatte. Ich zeigte es ihr und dachte: Wie merkwürdig, dass die Kollegin noch nie damit zu tun hatte. Gibt es denn hier keine Fortbildungen? Sie sah es ähnlich und sagte mit ironischem Unterton: »Danke, da habe ich mal wieder was gelernt.«

Ich bin gerne Leasingkraft. Ich liebe die Abwechslung, die Vielfältigkeit und ständige Begegnung mit Herausforderungen. So unterschiedlich die Stationen allerdings auch sein mögen, sie haben alle eine Gemeinsamkeit: Es fehlt an Personal in allen möglichen Umfängen. Alle paar Wochen werde ich von einer Stationsleitung oder einem Arzt gefragt, ob ich nicht bei ihnen anheuern wolle. Ich freue mich über das Vertrauen und lehne dennoch jedes Mal dankend ab, weil die Konditionen für mich nicht stimmen.

Ich fürchte und bin beinahe sicher: Kein einziges Seniorenheim- und Krankenhaus zwischen Rügen und Freiburg, das für Otto Normalverdiener und nicht nur für Millionäre reserviert ist, kommt ohne die Lückenfüller der Leasingfirmen aus. Wie wichtig wir Einspringer sind, den Betrieb am Laufen zu halten, wurde mir erst richtig bewusst, als ich an einem Samstagmorgen zur Arbeit in einer Berliner Klinik erschien. Zwei Kolleginnen, eine davon hatte gerade die Nachtschicht hinter sich, warteten im Schwesternzimmer auf mich zwecks der Übergabe. Ich stellte mich vor, wir begrüßten uns freundlich. Die ältere Schwester drückte mir das Stationstelefon in die Hand und nordete mich ein: »Na dann, auf geht's. Du bist hier heute der Big Boss.« Ich starrte das Telefon in meiner Hand an, als wäre es eine Zeitbombe. Gerne hätte ich es unter dem Ausruf »Will nicht!« fallen lassen. Ich hatte eine leichte Ahnung, was sie meinte, wollte es aber nicht glauben und fragte: »Wie, der Big Boss?« Sie bestätigte meine Vermutung: »Ganz einfach, du bist am Wochenende die einzige Fachkraft auf der Station.« Verdammte Axt, dachte ich.

Ich hörte die Worte, verstand den Inhalt, wollte es aber nicht wahrhaben und fragte zur Sicherheit: »Ernsthaft?« Die Nachtschwester nickte und ermunterte mich, den großen Chef zu geben. Mir war überhaupt nicht nach Lachen zumute. Mein Gesichtsausdruck muss ausgesehen haben, als wäre ich gerade dem Horrorclown aus Stephen Kings »Es« begegnet. Die Kollegin bemerkte meinen Schrecken und verscheuchte den Clown. »Keine Sorge«, sagte sie und zeigte mit dem Finger auf eine Frau, die soeben »Guten Morgen« gesagt hatte. Die Schwester flüsterte: »Sie ist Pflegehelferin, echt taff, schon sehr lange hier und wird dir helfen, wo und wie sie kann. Außerdem hast du noch zwei Schwesternschülerinnen und eine weitere Pflegehelferin, Letztere ist allerdings neu auf der Station.« Ich atmete tief ein und aus und dachte: Okay, irgendwie wirst du das Kind schon schaukeln. Immerhin gab es keine Visiten, weil Wochenende war.

So leitete ich also eine komplette Station der Chirurgie, die mit ungefähr 40 Patienten voll belegt war. Es dauerte eine Zeit lang, bis ich mich zurechtgefunden hatte. Normalerweise bin ich schnell, aber an diesem Tag lief alles in Zeitlupe. Ich hatte fast ein schlechtes Gewissen, Verantwortung für die Station zu tragen, aber langsam wie eine Schildkröte zu sein. Das Tempo hatte damit zu tun, dass ich keine Fehler machen wollte, alles hundert Mal durchdachte, bevor ich irgendetwas tat und entschied. Wenn ich den ersten Tag auf einer Station bin, die ich noch nicht kenne, prüfe ich die Medikamente, die ich Patienten zuteile, immer drei Mal. Sicher ist sicher. An jenem Samstag checkte ich den Inhalt der Plastikbehälter x-fach, ehe ich sie den Patienten brachte. Ich wollte einen tadellosen Dienst hinlegen.

Nach dem ersten Tag war ich total erschöpft und hatte das Gefühl, mir platzt jeden Augenblick der Schädel. Auf dem Heimweg fiel mir der Tag ein, als ich im »Horrorkrankenhaus« als Schwesternschülerin eine halbe Station managen musste. Erst jetzt begriff ich es in seiner ganzen Tragweite, wie unverantwortlich die Klinik damals handelte, dass sie mir die ganze Verantwortung aufgebürdet hatte, nur weil es an Personal fehlte.

Am Sonntag trat ich ohne weiche Knie zum Dienst an. Mir ging alles viel besser von der Hand. Ich fand mich auf der Station bestens zurecht, fühlte mich sicher in meinen Entscheidungen und besiegte die innere Schildkröte. Jedenfalls konnte ich den Zeitplan gut einhalten. Die zwei Schwesternschülerinnen waren fleißig und gut, die Pflegehelferin, die sich tatsächlich als alte Häsin erwies, stand mir mit Rat und Tat zur Seite, und auch die neue Kollegin auf der Station machte einen prima Job. Stolz und zufrieden verließ ich am späten Sonntagnachmittag das Krankenhaus. Es tat gut, dem Horrorclown einen Arschtritt verpasst zu haben.

Ich wusste endlich wieder, wo ich hingehörte: ins Krankenhaus. Dort zu arbeiten ist wirklich meine Berufung, glaube und hoffe ich. Gleich nach dem Start bei der Leasingfirma fragte mich meine Personalberaterin, ob ich auch Dienste in Altenheimen übernehmen würde. Ich hatte in der Senioren-WG gute Erfahrungen gesammelt und wollte, da ich neu in der Firma war, nicht anecken und sagte zu. Aber schon nach wenigen Diensten war mir klar: Schluss! Aus! Ende! Nie wieder!

Egal, in welchem Heim ich war – und ich habe in Berlin einige kennengelernt –, es lief immer nach dem gleichen traurigen Schema ab. Morgens, wenn ich zum Frühdienst antrat, wirbelte eine Pflegekraft durch die Gegend, völlig gestresst, weil sie mal wieder im Nachtdienst alleine für zwei Wohnbereiche, also insgesamt rund achtzig Leute, zuständig war. Die Übergabe wurde im Eiltempo vollzogen, die Standarderklärung lautete in etwa stets so: »Über die Bewohner kann ich dir leider nichts erzählen, denn ich bin eigentlich von einer anderen Station und nur eingesprungen. Hier ist der Schlüssel zum Medikamentenschrank und hier das Stationstelefon. Viel Glück!« Tschüss, das war's. Weg war die Nachtschicht. Und ich dachte jedes Mal: Na super.

Klingt sarkastisch, ist aber ernst gemeint: Wenn ein Heim gut aufgestellt war, lag ein kurzer Ablaufplan oder eine Liste mit den wichtigsten Stichpunkten zu den einzelnen Bewohnern vor. Nachdem ich mir die Angaben durchgelesen hatte, machte ich im Kopf einen Schlachtplan für den Tag. Meistens war noch ein Pflegehelfer an meiner Seite – und dann ging es los: zwei Hanseln, eine Fach- und eine Hilfskraft für vierzig Bewohner, manchmal mehr. Meine Unterstützung war meistens beschäftigt mit der Körperpflege und ich mit der Vergabe der Medikamente, die in Pflegeheimen, so ist es gesetzlich geregelt, nicht von Hilfskräften ausgehändigt werden dürfen – und wenn es den Senioren noch so dreckig geht. Ob das sinnvoll ist, will ich nicht hinterfragen, dazu habe ich schlicht zu wenig Erfahrung.

Der Stress hatte ein ungeheures Ausmaß. Ich kann nur den Hut vor den Kolleginnen und Kollegen ziehen, die jeden Tag die Arbeit verrichten. Ich war teilweise überfordert – nicht inhaltlich, sondern was die Masse der Aufgaben angeht. Wieso sollte ich kleine Leasing-Kraft dieses absurde System der personellen Unterbesetzung mit am Leben halten? Im Krankenhaus würde mir das niemals passieren: Im Altenheim wies mich der eine oder andere Senior darauf hin, wenn ich etwas vergessen hatte. Ich entschuldigte mich dann immer hundert Mal, weil es mir extrem peinlich war. Aber ich konnte es ganz einfach nicht wissen, weil ich die alten Menschen und ihre Erkrankungen nicht kannte.

Ein, zwei Mal fing ich sogar mitten im Dienst an zu weinen. Ich setzte mich in ein Zimmer, in das nur Personal durfte, und schluchzte. Erst wenn ich mich wieder gesammelt hatte, setzte ich die Arbeit fort. Oder mir flossen die Tränen, wenn ich im Auto auf der Heimfahrt saß. Im Dienst flennte ich, weil ich die Überforderung nicht aushielt. Im Auto rührte meine Traurigkeit aus der Fassungslosigkeit. Ich begriff (und begreife) nicht, wie man das alten Menschen antun konnte. Man muss sich dazu vorstellen: Diese Generation hat jahrzehntelang gearbeitet, das Land aufgebaut und unseren Wohlstand geschaffen. Dann kommen diese Leute in ein Heim, bezahlen dafür sehr viel Geld – meistens geht die gesamte Rente dafür drauf – und dann werden sie nicht einmal so behandelt, wie sie es verdient hätten. Denn ich finde, Leben im Alter sollte mehr sein als ein trostloses Zimmer und Betreuer, die kaum Zeit für sie haben.

Das ist nicht die Schuld der Pflegekräfte in diesen Häusern, denn die können auch nicht viel mehr machen als wie die Irren zu arbeiten. Das ist Schuld unseres Gesundheitssystems. Wobei man sich immer wieder vor Augen führen sollte, dass wir eines der reichsten Länder der Welt sind.

Ich kann mich aus meiner Zeit in der Psychiatrie noch gut an ein älteres Ehepaar erinnern. Die Frau war pflegebedürftig, verbal unglaublich aggressiv und definitiv in einem Zustand, in dem ein Verbleib in der eigenen Wohnung nicht mehr sinnvoll und tragbar war. Ihr Mann wollte sich aber unbedingt weiter um sie kümmern. Wir erklärten ihm, was auf ihn zukommen und dass er sich auf Dauer selbst kaputt machen würde. Er stand kurz vor der Rente und verdiente sein Geld als Krankentransportfahrer. Dass der Mann quasi in unserer Branche tätig war, machte es für uns, die wir mit ihm redeten, emotional noch schwieriger. Er willigte ein, seine Frau einem Pflegedienst anzuvertrauen, und informierte sich über verschiedene Heime und was sie kosteten. Er kehrte wenige Tage später in die Psychiatrie zurück und berichtete mit traurigem Gesicht, dass es für ihn unmöglich sei, seiner Frau einen Pflegeplatz zu bezahlen. »2000 Euro Zuzahlung aus eigener Tasche schaffe ich nicht.« Ihm blieb also nichts anderes übrig, als sich beim Sozialamt »nackig« zu machen, um staatliche Unterstützung für den Heimplatz zu bekommen. »Meine Rente wird ebenfalls angerechnet«, sagte er und weinte jämmerlich.

Ich frage mich heute wie damals: Wie ist so was in Deutschland möglich? Wie kann es sein, dass man für einen Pflegeplatz verdammt viel Geld aufwenden muss und gleichzeitig die Pflegekräfte derartig schlecht bezahlt werden? Wer kommt auf die Idee, dass eine Leasing-Kraft, die die Bewohner eines Heimes nicht kennt, alleine als Fachkraft mit nur einem Pflegehelfer Dienst schiebt? Wie kann die Politik all das zulassen? Ich halte das für unverantwortlich. Diese Zustände waren für mich inakzeptabel, ich wollte mir das nicht länger antun, nicht mehr Lückenfüller in diesem Wahnsinnssystem sein, und bat meine Personalberaterin, mich niemals wieder für ein Altersheim einzuteilen. Sie taten mir den Gefallen.

Ich gebe gar nicht den Einrichtungen und Trägern die Schuld. Es ist schlicht und ergreifend das System. Denn Seniorenheime und Krankenhäuser müssen sich nach den politischen Vorgaben richten. Erst wenn das korrigiert wird, wird auch die Situation besser. Ich frage mich, warum unsere Gesellschaft diese Zustände hinnimmt und billigt. Wird nicht jeder einmal alt?

5

DER GANZ
ALLTÄGLICHE SEXISMUS

Das Internet ist voll mit Rankings von Berufen, die Männer für besonders erotisch halten. Die Krankenschwester ist immer in den Top 3. Selbst auf den Portalen seriöser Medien wird über solche Hitlisten dann irgendwelcher Unsinn getextet, der sämtliche Klischees bedient, die sich über viele Jahrzehnte in Männerköpfe eingebrannt haben. Das klingt zum Beispiel so: »Das knappe weiße Outfit und die Haube auf dem Kopf (die heutzutage in unseren Breitengraden wirklich niemand mehr trägt) kommen gut an. Was vielleicht noch dazu beiträgt, dass Männer diesen Beruf für sexy halten: Die liebevolle Fürsorge für die Patienten, die Krankenschwestern in ihrem Beruf an den Tag legen müssen.« Um es einmal klipp und klar zu sagen: »Müssen« müssen wir gar nichts. Wir sind freiwillig freundlich, fürsorglich und hilfsbereit – und das auch noch gerne.

Auch bei Kostümen, die Männer besonders antörnend finden, liegt das der Krankenschwestern in Umfragen stets weit vorn. Unsere Berufskleidung wird häufig nicht einfach als »Krankenschwester«-, sondern als »Sexy Krankenschwester«-Kostüm angeboten – eine Bewertung, die im Auge des (männlichen) Betrachters liegt. In ach so witzig gemeinten »Produktbeschreibungen« heißt es schon mal: »Krankenschwestern sollen nicht nur Pillen verabreichen, sie sollen dem Patienten die Behandlung auch so angenehm wie möglich gestalten.« Oder die Werbung richtet sich direkt an Frauen: »Wenn die nächste Karnevalsparty unter dem Motto ›Feiern, bis der Arzt kommt‹ stattfindet, seid Ihr mit dem Oberschwester-Kostüm perfekt verkleidet, um die angetrunkenen Gäste wieder auf Vordermann zu bekommen.«[7] Die Männer saufen, wir Frauen bekämpfen den Kater. Aber schönen Dank auch!

Das Internetmagazin »Nice!«, das sich selbst als »Magazin für tolle, starke Frauen« anpreist, lässt die staunende Leserinnenschaft in einem Artikel mit der Überschrift »Diese sexy Kostüme finden Männer bei Rollenspielen richtig heiß« wissen: »Hast du mehr Lust auf Fürsorge als auf Autorität? Dann probiere doch ein Krankenschwester-Kostüm. Man(n) sieht sich schon förmlich als leidenden Patienten und klagt der ebenso sexy wie sorgenden Krankenschwester das Leid von seinen Schmerzen, die nur sie lindern kann.«[8]

Ich fühle mich als tolle, starke Frau, aber mit solchen Sätzen seelisch missbraucht. Jeder soll Spaß haben im Karneval und beim Sex und sich dabei gerne verkleiden, wie er Lust hat. Mich stört allein, dass mit derlei oberflächlichem Geschwätz ein Bild der Krankenschwester in Männerhirnen zementiert wird, das von anno dazumal stammt: nämlich das der fürsorglichen, sexy Dienstleisterin, die dem starken Geschlecht, das schließlich auch mal krank werden kann, in jeder Hinsicht dient beziehungsweise zu dienen hat.

Nicht zuletzt deshalb habe ich mich entschlossen, das Thema »sexuelle Belästigung am Arbeitsplatz« in meinem

Buch anzusprechen und von eigenen Erlebnissen der ober-
dreisten Art zu erzählen. Denn während über Harvey Wein-
stein und seine eifrigen Mitstreiter in der deutschen Politik
und Filmkunst im Zuge der MeToo-Bewegung jede Menge
berichtet wurde, spielten sexuelle Übergriffe in anderen Berufsgruppen in der öffentlichen Diskussion kaum eine Rolle,
obwohl es sie gibt.

Wie oft musste ich mir schon von Männern, die mich nach
meinem Beruf fragten und die korrekte Antwort erhielten,
blöde Sprüche anhören wie: »Oh, dann kannst du mich ja
mal besuchen und mich gesund pflegen.« Es gibt noch weitaus gruseligeren Anmach-Nonsens, den ich hier nicht auffüh-
ren will, weil er respektlos, anmaßend und herablassend ist.
Diese Plattitüden reduzieren mich nur auf das, was sich bei
Kerlen gerade im Kopf abspielt. Wenn diese Typen dann auch
noch mit den Augen zwinkern, könnte ich schreien vor Wut.
Aber stattdessen überspiele ich das unangenehme Gefühl,
wechsle das Thema oder beende das Gespräch wortlos.

Das erste Mal, als ich beruflich mit sexueller Belästigung
konfrontiert wurde, war ich gerade einmal sechzehn Jahre alt
und Praktikantin. Ich sollte einem Mann, ein Deutscher um
die sechzig, bei der Körperpflege helfen. Die Schwestern gaben mir mit auf den Weg, unbedingt darauf zu bestehen, nur
seinen Rücken zu waschen. Sie warnten mich: »Der Typ wird
wollen, dass du seinen Intimbereich wäschst. Sage ihm mit
aller Bestimmtheit: Nein! Er soll das schön selbst machen. Du
wirst sehen, er schafft es.«

Es kam genauso, wie es die Kolleginnen vorhergesagt hatten. Der Mann stellte sich schwächer dar, als er war, und be-

hauptete, er bräuchte unbedingt Hilfe beim Waschen seines Gemächtes. Ich folgte der Anweisung der Schwestern und sagte: »Nein!« Aber Nein hieß auch schon damals nicht bei allen Männern Nein. Er bestand darauf, dass ich ihn an bewusster Stelle waschen sollte. Ich war ratlos, vielleicht auch ein wenig überfordert mit der unangenehmen Situation. Ich erklärte ihm, gleich wieder da zu sein, und verließ das Zimmer, lief zu den Schwestern und forderte Hilfe. Eine Kollegin kehrte mit mir zu diesem unsäglichen Patienten zurück. Sie machte ihm eine Ansage – und siehe da, er schaffte den Waschgang ganz allein. Damals kam mir das nicht in den Sinn. Heute denke ich: Wie konnten die Schwestern eine sechzehnjährige Praktikantin zu einem Typen schicken, der längst als Widerling bekannt war?

Umgang mit Kranken ohne Körpernähe und -kontakt ist in unserem Job unmöglich. Während meiner Ausbildung musste ich auf einer chirurgischen Station einen Patienten zwischen 30 und 35 Jahren alt um die Leisten rasieren, weil er in der Gegend wenig später operiert wurde. Auf Aufgaben dieser Art wird man in der Lehrzeit nicht vorbereitet. Man muss sie früher oder später erledigen und hoffen, nicht auf einen Idioten zu stoßen, der die Lage ausnutzt. Der Mann, ein Deutscher, war – abgesehen von dem Leistenbruch – kerngesund. Eine solche Situation ist ohnehin äußerst peinlich. Wenn der Patient auch noch jung ist, also voll im Saft steht, ist sie umso unangenehmer. Aber man kann nicht weglaufen, das gehört nun einmal mit zum Beruf der Krankenschwester.

Ich erklärte dem Typen, dass ich ihm seine Haare mit einem Einmalrasierer entfernen müsste. Man muss die Patienten fragen, ob sie damit einverstanden sind. Er willigte ein. Also forderte ich ihn auf, seine Unterhose auszuziehen. Er tat es. Ich fing in der Leistengegend zu rasieren an und fühlte mich schon sehr unwohl. An einige Stellen kam ich nicht ran, weil sie von seinem Penis bedeckt waren. Ich weiß, ich hätte ihn darauf hinweisen können, aber dachte, das müsste er doch von sich aus kapieren. Selbst ein Kerl mit dem Gehirn von der Größe einer Walnuss müsste sich doch in die Lage einer sehr jungen Frau, die gerade einen beschissenen Job zu verrichten hat, hineinversetzen können und es ihr nicht noch schwerer machen, als es sowieso schon ist. Der Idiot war aber so einfühlsam wie eine Tiefkühltruhe.

Statt selbst Anstalten zu machen, sein Gemächt zu verrücken, lag er mit hinter dem Kopf verschränkten Armen und schaute mir genüsslich dabei zu, wie ich meine Abscheu überwand. Genüsslich sage ich, weil der Fiesling ein fettes Grinsen im Gesicht hatte. Ich konnte es nicht fassen. Der Kerl genoss die Situation auch deshalb, weil er sah, wie schwer ich mich tat. Vielleicht suhlte er sich in der Macht, die er über mich hatte, weil er wusste, dass ich nicht einfach weglaufen konnte. Schließlich musste ich eine Aufgabe erledigen. Selten fühlte ich mich emotional so ausgenutzt wie in diesem Augenblick. Wenn ein Verhalten das Urteil »schamlos« verdiente, dann dieses. Der Patient machte noch ein paar Bemerkungen, die er vermutlich für witzig hielt. Ich war so stark peinlich berührt, dass das Wort Fremdschämen nicht reicht, mein Gefühl zu beschreiben. Ich empfand krassen Ekel und rasierte ihn so schnell fertig wie möglich – übrigens ohne ihn zu verletzen. Das Erlebnis schob ich ganz schnell ganz weit nach hinten in meinem Gedächtnis. Ich versuchte, es zu vergessen, aber schaffte es nie.

In schlechter Erinnerung blieb mir auch ein Mann türkischer Abstammung. Er ging auf die siebzig zu und kannte trotz seines Alters weder Scham noch Respekt. Ich kümmerte mich um ihn gemeinsam mit einer Schwesternschülerin. Er war zu schwer, um ihn allein vernünftig waschen zu können und sein Bettlaken zu wechseln. Wir standen jeweils links und rechts am Bett. Wir drehten ihn zu meiner Seite und er fasste mir an den Po. Da er recht alt war, dachte ich mir nichts dabei. Jedenfalls hatte ich keinen Argwohn, dass ich es mit einem Grapscher zu tun haben könnte. Also nahm ich seine Hand von meinem Hintern und legte sie an meinen Rücken, damit er sich weiter festhalten konnte. Ein normaler Vorgang, gerade bei Betagten.

Doch keine Sekunde später wanderte seine Hand wieder an meinen Po. Ich wunderte mich, aber schloss das Kapitel ab, weil wir den Grapscher schon wieder drehen mussten. Ich schaute ihn an und er lächelte. Wir drehten ihn auf die linke Seite, zu meiner Kollegin – seine Hand ging direkt an ihren Po. Sie war zunächst genauso verunsichert wie ich. Auch sie versuchte es mit der sanften Methode und platzierte seine Hand auf ihrem Rücken. Und wieder glitt seine Hand runter zu ihrem Po. Nun reichte es meiner Mitschülerin und sie schrie ihn vor Wut an: »Nehmen Sie sofort Ihre Hand weg!« Er nickte, lächelte – und hatte schon wieder die Hand am Po meiner Kollegin.

Wir waren beide perplex ob dieser Unverschamtheit und meldeten den Vorfall der Stationsleitung. Alle wussten davon, irgendwelche Konsequenzen hatte es trotzdem nicht. Der Mann korrigierte sein Verhalten keinesfalls und betätschelte die Hintern von Schwestern und Schülerinnen solange, bis er entlassen wurde. Damals wunderte mich das durchaus. Erst später verstand ich, warum betroffene Kolleginnen, aber auch Stationsleitungen über solche Fälle lieber den Mantel des Schweigens legten, als Alarm zu schlagen. Es hätte nichts gebracht – außer vielleicht Ärger und Schlagzeilen in der Zeitung.

In Familien wird eher den Angehörigen als einer Krankenschwester geglaubt, erst recht, wenn die Verwandten aus Kulturkreisen kommen, in denen Frauen manchmal als Menschen zweiter Klasse behandelt werden. Obendrein drehen lüsterne Patienten den Spieß am liebsten um, streiten alles ab und stoßen die absurde Drohung aus, die Vorwürfe »dem Arzt«, »dem Oberarzt« oder lieber gleich »dem Chefarzt« zu melden. »Sie werden schon sehen, was Sie davon haben!« Solche Äußerungen spiegeln durchaus das Standing der Pflegekräfte in unserer Gesellschaft wider. Wir werden nicht als Autorität wahrgenommen. Bis heute wird bei sexueller Belästigung in Krankenhäusern von einem angeblichen »Berufsrisiko« gesprochen, was nichts weiter ist als die Umkehrung der Täter-Opfer-Rolle. Das klingt in meinen Ohren wie die dümmlichen Selbst-schuld-Sprüche von Männern an die Adresse einer vergewaltigten Frau, die zur Tatzeit einen Minirock getragen hatte. Ein Minirock ist genauso wenig eine Aufforderung zur Gewaltanwendung wie das Waschen im Krankenbett keine Erlaubnis darstellt, eine Krankenschwester unsittlich zu betatschen.

Im Oktober 2019 stellte Bundesfrauenministerin Franziska Giffey eine Studie vor, die belegt, dass Beschäftigte im Gesundheits- und Sozialwesen am häufigsten Opfer von sexueller Belästigung am Arbeitsplatz sind. Die Berliner Charité war, soweit ich weiß, die erste Klinik in Deutschland, die das Thema wissenschaftlich untersuchen ließ. An einer Online-Befragung beteiligten sich 743 Ärzte der Klinik, annähernd 450 waren Frauen. Warum das Pflegepersonal nicht einbezogen wurde, ist mir schleierhaft. Trotzdem hat das Ergebnis jede Menge Aussagekraft. 70 Prozent der Charité-Ärzte hatten in ihrem Berufsleben »eine Form der Belästigung« erlebt. Bei befragten Frauen waren es rund 76 Prozent, was mich nicht verwundert. Aber auch bei den Männern lag die Quote bei erstaunlich hohen 62 Prozent. »Am häufigsten kam es zu verbalen Belästigungen aufgrund von abwertender Sprache mit 62 Prozent sowie aufgrund von anzüglichen Sprüchen mit 25 Prozent«, heißt es dazu auf der Internetseite der Charité.[9]

Als ich meine Ausbildung absolvierte, war sexuelle Belästigung noch nicht einmal eine Straftat. Das heißt, wer einer Frau gegen ihren Willen an Genitalbereich, Po und Busen grapschte, brauchte sich keine Gedanken zu machen, deshalb vor Gericht zu landen. Das änderte sich erst, als im November 2016 endlich ein Gesetz in Kraft trat, das die Regel »Nein heißt Nein« als Grundsatz im Sexualstrafrecht verankerte. Bezeichnenderweise bedurfte es wieder mal eines üblen Ereignisses, dass die Politik das Problem anging. Anlass war die Kölner Silvesternacht 2015/2016, in der junge Männer weitgehend aus nordafrikanischen und arabischen Ländern Hunderte Frauen auf dem Domplatz sexuell belästigten und beklauten. Ein paar Täter wurden verurteilt – die allermeisten von ihnen wegen Diebstahls, nur sehr wenige wegen sexueller Nötigung. Heute wäre das sicher anders, weil das Gesetz entsprechend verschärft wurde. Und ich frage mich, warum es erst der hässlichen Kölner Silvesternacht bedurfte, die viele Frauen vermutlich ihr Leben lang nicht vergessen werden, damit es zu dieser Korrektur kam. Wie schön wäre es gewesen, wenn die Regierung das Gesetz allein deshalb geändert hätte, weil Krankenschwestern, Erzieherinnen, Stewardessen, Studentinnen und andere Frauen (oder Männer) im Beruf, beim Lernen oder im Alltag sexuell belästigt werden. Warum musste es erst zahlreiche Opfer geben, damit die Politik reagierte?

Immerhin: Nun ist sexuelle Belästigung strafbar, wenn dem Täter nachgewiesen werden kann, dass eine körperliche Berührung in »sexuell bestimmter Weise« erfolgte. Trotzdem habe ich noch nie von einer Anzeige wegen sexueller Belästigung einer Krankenschwester oder Pflegeassistentin gehört oder gelesen. Was nicht heißt, dass es das nicht gab und schon gar nicht, dass sich plötzlich alle Männer wegen des neuen Gesetzes anständig benehmen. Ich weiß, was es für ein Opfer bedeutet, sich zu offenbaren. Gibt es keine Zeugen, ist der Nachweis einer sexuellen Belästigung schwierig. Zudem ist es für jede Frau äußerst unangenehm, Vorgesetzten und der Polizei Anzüglichkeiten und Fummeleien zu beschreiben. Wer will schon Fremden erzählen, von einem Greis unsittlich begrapscht worden zu sein? Noch problematischer wäre es, wenn es sich um eine sexuelle Belästigung eines Kollegen handelte. Da überlegt sich vermutlich jede Frau sehr genau, ob sie sich den Zoff antun will. Ein Oberarzt sitzt definitiv am längeren Hebel.

Auch ich bin schon im Dienst auf ätzende Art und Weise angemacht worden, übrigens immer nur von Ober- oder Chefärzten. Mir schien es so, als wollten sie damit ihren Status und ihre Macht demonstrieren. Ich will aber unbedingt auch betonen, dass sich die Masse meiner Kollegen, egal ob Pfleger oder Mediziner und wie alt sie sind, anständig verhalten. Ich glaube, dass die Generation der jungen Ärzte ein Bewusstsein dafür entwickelt hat, was geht und was nicht. Der Respekt vor uns Krankenschwestern ist jedenfalls spürbar da. Immerhin führten die MeToo-Debatte und die Untersuchung der Charité dazu, dass Krankenhäuser und Uni-Kliniken, wo sich in der Vergangenheit mancher Professor seinen Studentinnen gegenüber als Wüstling benahm, Richtlinien zur Vermeidung und im Umgang mit sexueller Belästigung erarbeiteten.

Ich wünsche mir, dass die Pflege- und Ärzteleitungen besonders widerlichen Patienten entschieden die Grenzen des Erlaubten klarmachen und zur Not die Verlegung in ein anderes Krankenhaus oder – wenn medizinisch möglich – die vorzeitige Entlassung anordnen. Ich weiß allerdings auch, dass hier ethische Grenzen gesetzt sind. Einen Mann, der sich von einem Schlaganfall erholt, kann man nicht einfach rauswerfen. In bestimmten Fällen schwerer Demenz geht die soziale Kontrolle verloren. Die kranken Männer wissen nicht, was sie tun. Das macht es für Krankenschwestern und Pfleger nicht leichter. Aber man kann eher Verständnis aufbringen. Wichtig ist es, öffentlich und ehrlich über das Problem zu reden. Nach meinem Eindruck ist das Thema bedauerlicherweise in vielen Krankenhäusern nach wie vor tabu – womit ich keinesfalls sagen möchte, dass es unter den Teppich gekehrt wird. Man redet nur ungern darüber, vielleicht auch deshalb, damit eine Klinik nicht in Verruf gerät. Das kann ich schwer beurteilen, dazu kenne ich zu wenig. Nicht zuletzt deshalb wäre es gut, wenn das ganze Ausmaß ans Tageslicht käme, damit der eine oder andere Mann vielleicht doch endlich begreift, was er uns Frauen antut.

Wir Krankenschwestern und Pfleger begegnen jedem Patienten respektvoll und fürsorglich – also können wir das von ihm ebenfalls erwarten. Es sind nämlich längst nicht nur die sexuellen Übergriffe, das Betatschen von Po oder Brust, die demütigend sind. Mich kotzen die Anzüglichkeiten, die unsäglichen Worte und Sätze an, die ich mir laufend von männlichen Patienten – und manchmal Besuchern – jeden Alters anhören muss. Da hilft es auch nicht, wenn sie »nett« gemeint sein sollen. Mir reicht es schon, wenn ich »Kleine« genannt werde. Schlimm ist es, wenn Kerle etwa sagen: »Ah, da ist ja die hübsche Schwester.« Oder: »Mein Blutdruck ist nur so hoch, weil Sie so eine attraktive Schwester sind.« Und wenn diese Typen sogar noch erwarten, dass ich lächle, ist bei mir der Ofen aus.

Meistens schweige ich, weil ich niemanden angreifen will, der glaubt, es »nur gut« zu meinen. In Wahrheit bin ich jedoch wütend und frustriert. Denn meist – wenn auch nicht immer, aber oft – verbirgt sich hinter dem leeren Geschwätz ein riesiger Mangel an Wertschätzung der Pflegekräfte, definitiv ein Problem, was sowohl Kolleginnen als auch Kollegen betrifft. Wir werden noch viel zu häufig bestenfalls als Handlanger der Ärzte gesehen, die dazu da sind, das Essen zu servieren, die Medizin zu bringen und den Hintern der Patienten abzuwischen.

Selbst in der Corona-Krise, als Tausende von den Balkonen klatschten, schimmerte das durch. Die Ärzte waren diejenigen, die in den Medien als Lebensretter dargestellt wurden.

Die Krankenschwestern waren diejenigen, die mit dem Kopf auf dem Schreibtisch schlafend zum Symbol der Erschöpfung wurden. Hier der starke Mediziner, dort die schwache Helferin. Dabei geht in einer Intensivstation nichts ohne Pflegekräfte.

Wie oft habe ich es schon erlebt, dass mir ein Patient mit respektlosem Ton begegnete. In anderen Ländern ist das nicht so. In England, das ich wegen Sam mittlerweile gut kenne, ist das überhaupt nicht so. Dort ist das Ansehen einer Krankenschwester auf der Höhe eines Arztes. Vielleicht hat das mit Florence Nightingale zu tun. Die 1820 in Florenz – daher ihr Vorname – geborene Britin legte den Grundstein für die moderne Pflege als eigenständigen Berufszweig an der Seite der Ärzte.

Und hierzulande? Wird man als Krankenschwester von Patienten vollgenölt, weil das Essen nicht schmeckt, wofür wir nun überhaupt nichts können. Gerne wird an der Kompetenz gezweifelt und mir klargemacht, dass ich angeblich nur das Helferlein der Mediziner bin. Immer wieder erlebe ich es, dass ich einem Patienten freundlich erkläre, was ich warum tun möchte, um seine Not zu lindern, er sich aber benimmt, als wolle ich ihn vergiften. Was muss ich mir dann anhören? »Sie haben gar keine Ahnung, schließlich sind Sie kein Arzt.« Gerne verlangen diese Patienten auch noch selbigen zu sprechen. Da bin ich dann gut genug, ihn zu holen. Es ist hochinteressant zu erleben, wie schnell der Ton umschlägt, freundlich oder gar schleimig wird, wenn der gewünschte Arzt am Bett eines Meckerers erscheint und exakt das sagt, was ich schon erklärt und vorgeschlagen hatte. Das interessiert aber nicht mehr. Viele Patienten vergessen, dass wir Pflegekräfte diejenigen sind, die die Kranken beobachten und der Ärzteschaft Bericht erstatten. Manchmal fragen sogar junge, unerfahrene Assistenzärzte Schwestern um Rat. Ganz blöd können wir also nicht sein.

Immerhin fiel in der Corona-Zeit auf, wie wichtig Krankenschwestern und überhaupt Frauen für das Funktionieren eines Land sind – nicht nur wegen ihrer systemrelevanten Tätigkeiten. Aber wer diskutierte über die Schutzmaßnahmen wie die Schließungen von Kitas und Schulen? Vor allem Männer. Virologen und Politiker. Die Kinderbetreuung daheim war wieder vorzugsweise Sache der Frauen, damit ihre Männer, gerne auch »Hauptverdiener« genannt, ihren – besser bezahlten – Berufen nachgehen konnten. Frauen halten offenkundig nicht nur den öffentlichen Laden am Laufen, sondern auch den heimischen. Von den Alleinerziehenden will ich hier gar nicht erst anfangen, die haben die Arschkarte gezogen. »Wir erleben jetzt häufiger einen Rückfall in traditionelle Rollenbilder«[10], stellte Ministerin Giffey fest – und ich wage nicht, ihr zu widersprechen. Statt einen Rückschlag für den Feminismus zu betrauern, sollten Frauen jetzt erst recht mehr Respekt für ihre Leistungen daheim und im Beruf, gleichen Lohn für gleiche Arbeit und bessere Aufstiegsmöglichkeiten fordern.

Nach meinem Eindruck fehlt es nach wie vor an allgemeiner Wertschätzung für Care-Arbeit – zu Hause, in Krankenhäusern, Seniorenheimen und Einrichtungen für Behinderte. Vielleicht rührt daher die Respektlosigkeit gegenüber Pflegekräften. Manche Patienten – Männer und Frauen – meinen, das Krankenhaus wäre ein Hotel und wir Krankenschwestern seien die Dienstbotinnen oder Kellnerinnen. Da wird alle fünf

Minuten geklingelt und Menschen mit gesunden Beinen, die nicht ans Bett gefesselt sind, verlangen, ihnen eine neue Flasche Wasser zu bringen. Gar keine Frage, mache ich total gerne – allerdings nur, wenn der Kranke nicht in der Lage ist. Was wir nicht leiden können, ist, wenn die Klingel wegen belangloser Dinge benutzt wird. Da wird man gerufen, um sich mit einem Fingerzeig auf das Essenstablett anzuhören: »Schwester, Sie können abräumen!« Dabei geht Zeit drauf, die uns bei den Patienten fehlt, die wirklich auf Hilfe angewiesen sind. Wobei ich auch von dem Gegenteil berichten will: Patienten, meistens sind es Frauen, die sich lieber quälen, ehe sie uns rufen.

All das, was ich in diesem Kapitel an Unzulänglichkeiten und Boshaftigkeiten beschrieben habe, ist nicht die Regel und kein Alltag einer Krankenschwester. Aber jedes Erlebnis dieser Art ist eins zu viel. Jedes einzelne ist demotivierend. Da ist es für mich überaus verständlich, dass kaum jemand mehr meinen Beruf lernen und ausüben will. Bleibt also eines Tages nur der Einsatz von Robotern? Dem Gedanken stelle ich eine andere Frage entgegen: Sollte das ernsthaft das Ziel einer humanitären Gesellschaft sein, dass Maschinen Menschen versorgen, weil der Mensch selbst nicht mehr dazu in der Lage ist? Da kann ich nur für uns alle wünschen: Hoffentlich nicht!

6

ES IST WAS FAUL IM STAATE ...

Unser Gesundheitssystem gleicht einem Patienten mit einer offenen Wunde, die einfach nicht heilen will, egal wer gerade an ihr herumdoktert. Eine Menge Leute – allen voran Politiker – stehen am Krankenbett, äußern sich besorgt und denken darüber nach, was als Nächstes getan werden muss, um für Linderung zu sorgen. Sie machen auf Arzt, agieren aber in Wahrheit wie mittelalterliche Wundheiler: Sie sehen das Offensichtliche, dass es dem Patienten nicht gut geht, und haben Ideen, was zu tun sei. Aber es fehlt ihnen an Mut, Entschlossenheit, Mitteln und Wissen, den Kranken über den Berg zu bringen. Sie freuen sich, dass es ihnen gelingt, den Zustand des Patienten Jahr für Jahr zu stabilisieren. Hier tragen sie eine Tinktur auf, dort probieren sie eine neue Salbe. Es bleibt jedoch, wie es schon immer war: Kaum schließt sich die Wunde an einer Stelle, öffnet sie sich an einer anderen. Deshalb beginnen die Wundheiler von Neuem mit der Diskussion, ob man nicht etwas anderes probieren müsste. Dem Patienten ist damit nicht wirklich geholfen, der Heilungsprozess kommt jedenfalls nicht richtig in Gang. Aber immerhin gibt es ein Trostpflaster: Der Patient lebt.

Doch dann kam die Corona-Krise und suchte auch Deutschland heim. Weil Tinkturen und Salben nicht mehr halfen, musste der Patient auf die Intensivstation. Sein Leben hing am seidenen Faden. Zwar war die technische Ausstattung der Intensivstation alles andere als mittelalterlich, sondern hochmodern. Aber dafür fehlte es – hört, hört! – an echten Doktoren und Schwestern. Die Wundheiler schauten abermals bedröppelt und bedauerten den Zustand des Kranken. Da sie plötzlich Angst hatten, dass der Patient kollabiert, verfielen sie in hektische Betriebsamkeit und ordneten viele Dinge an, damit er nicht tot umfällt. Nachdem die Medien über den Zustand des Todgeweihten berichteten, übten sich die Wundheiler in Sprechblasen und gelobten Besserung, Dinge zu tun, die endlich wirken. So tun sie es nämlich immer, wenn die Bevölkerung merkt, dass die Wundheiler keine Wunderheiler sind.

Die oberste Wundheilerin unter den Politikern, Angela Merkel, sagte Mitte März in einer Fernsehansprache an das Fußvolk: »Ich möchte mich bei dieser Gelegenheit zuallererst an alle wenden, die als Ärzte oder Ärztinnen, im Pflegedienst oder in einer sonstigen Funktion in unseren Krankenhäusern und überhaupt im Gesundheitswesen arbeiten. Sie stehen für uns in diesem Kampf in der vordersten Linie. Sie sehen als Erste die Kranken und wie schwer manche Verläufe der Infektion sind. Und jeden Tag gehen Sie aufs Neue an Ihre Arbeit und sind für die Menschen da. Was Sie leisten, ist gewaltig, und ich danke Ihnen von ganzem Herzen dafür.«

Ich glaube Frau Merkel, dass ihre Würdigung aufrichtig war, dass sie erkannt hatte, wie wichtig Ärzte, Pfleger, Krankenschwestern, Therapeuten, Notfallwagenfahrer und andere

Mitarbeiter in Kliniken und Praxen waren, um die Corona-Krise zu bewältigen. Aber ich komme nicht umhin zu betonen, dass Frau Merkel seit November 2005 Bundeskanzlerin ist und als Chefin der Wundheiler so etwas wie Hauptverantwortung für den Zustand des Dauerpatienten trägt. Es ist wahr: Wir Beschäftigte des Gesundheitswesens leisten Gewaltiges. Aber erstens ist das immer so und nicht nur in der Krise. Unser Engagement für das Land hätte der Kanzlerin viel früher auffallen können, denn sie regiert es seit fünfzehn Jahren. Und zweitens wäre die physische und vor allem psychische Belastung in der Corona-Zeit weniger für uns gewesen, wenn die Politik, allen voran Frau Merkel und ihre Wundheiler, nicht geschlafen hätte. Die Gesundheitsminister in Bund und Ländern hatten definitiv genug Zeit, die Republik auf eine Pandemie vorzubereiten. Umso lächerlicher waren die Ehrerbietungen, was für Helden wir doch sind. Zumal sie obendrein von Entscheidungen begleitet waren, insbesondere der von Jens Spahn, die zu Kopfschütteln und Verdruss führten und die Lobeshymnen als typisches Politiker-Blabla erscheinen ließen. Wenn ich nur an die unausgegorenen Empfehlungen zur Mehrfachverwendung ein und derselben Gesichtsmaske in Krankenhäusern denke, könnte ich glatt wieder anfangen zu heulen. Den Mangel an Schutzkleidung hat Jens Spahn zu verantworten.

Einmal mehr prallten politische Sonntagsreden auf die bittere Realität in den Krankenhäusern. Trotzdem war die Stimmung im Kollegenkreis und meine gut, als die Pandemie Deutschland erreichte. Ich brauchte nur einen einzigen Patienten mit Verdacht auf Corona zu sehen, da wusste ich wieder, warum ich einst unbedingt diesen Beruf, meinen Traumjob, ergriffen habe. Nicht für Danksagungen der Kanzlerin und ihrer Wundheiler und auch nicht für den Applaus von Balkonen. Es ist – bei allem Frust im Klinikalltag – ein gutes Gefühl, für kranke Menschen da zu sein und ihnen wieder auf die Beine zu helfen. Ich empfand und empfinde meine Arbeit dann als sinnstiftend. Und ich glaube, dass es 99,9 Prozent der Kolleginnen und Kollegen in Deutschland genauso ging. Wir waren froh und auch ein wenig stolz darauf, auf einmal so sichtbar gebraucht zu werden. Daraus erwuchs das Gefühl des Miteinanders, wie ich es kaum mehr erlebt hatte in den vergangenen Jahren, eben das, was ich mit dem Geist der Musketiere meine: Einer für alle, alle für einen. Je mehr das Abstandsgebot galt, desto mehr rückte das Klinikpersonal im übertragenen Sinne zusammen.

Dass der Großteil der Beschäftigten in Krankenhäusern fest an einem Strang zog, lag gewiss auch an Deutschlands Vorbereitung auf die Coronavirus-Welle. Die Bilder aus Italien hatten alle gesehen. Die Kliniken konzentrierten sich bei der Arbeit auf die Intensivstationen, überall wurden Bereiche nur für Patienten eingerichtet, die schwer an Covid-19 erkrankt waren. Sie bildeten sozusagen das Auge des Orkans, weshalb sich dort die medizinischen Fachkräfte konzentrierten. Manchmal hatten meine Kollegen und ich das Gefühl, der Albtraum der ewigen Unterbesetzung sei zu Ende, einfach so, über Nacht. Aber eben nur in den Corona-Trakten. In anderen Stationen ging es dafür deutlich ruhiger zu als normalerweise. Zahlreiche OPs, von denen nicht Leben oder Tod abhing, waren abgesagt worden. Auch das hatte Jens Spahn so gewollt. »Bitte verschieben Sie planbare Operationen und Eingriffe jetzt«, hatte er an die Geschäftsführer der Krankenhäuser geschrieben. Italienische Verhältnisse und Bilder aus Intensivstationen, die die Panik zu vergrößern drohten, sollten unbedingt vermieden werden.

Die Ruhe war trügerisch. Aus Sorge vor dem Coronavirus trauten sich viele Leute mit akuten Beschwerden nicht in Krankenhäuser, obwohl es für sie besser gewesen wäre. Ich weiß von Patienten, die es schlimm erwischt hatte. Aber nicht, weil sie unheilbar krank waren, sondern weil sie in panischer Angst vor Covid-19 zu lange daheim gewartet hatten, bevor sie in die Notfallstation gingen. Darunter waren Menschen mit Verdacht auf Herzinfarkt oder Schlaganfall – Diagnosen, bei denen im Ernstfall schnell gehandelt werden muss, um die Folge gering zu halten. Man kann einen leichteren Herzinfarkt oder Schlaganfall unbehandelt daheim überstehen. Aber der nächste, der garantiert kommt, wird dann viel schlimmer oder sogar tödlich sein. Um die Brisanz zu verdeutlichen, sei hier erwähnt: Ungefähr 47000 Menschen sterben in Deutschland Jahr für Jahr an einem Herzinfarkt.

Schwangere waren in Sorge, weil sie fürchteten, ihr Baby oder sich selbst in Gefahr zu bringen, wenn ihr Kind in einem »verseuchten« Krankenhaus zur Welt käme. Schlagzeilen wie »Sechswöchiges Baby in den USA an den Folgen einer Coronavirus-Infektion gestorben« verwandelten ihre Furcht in Panik. Emotional konnte ich das sehr gut nachvollziehen. Welche Mutter will nicht ihr Neugeborenes bestmöglich schützen? Aus medizinischer Sicht gab es allerdings keinen

Grund für die Angst, erst recht nicht für Panik. Weltweit wurden nur extrem wenige Fälle registriert, in denen Kinder, erst recht Neugeborene, im Zusammenhang mit dem Coronavirus starben. Die Krankenhäuser hatten die Versorgung und Behandlung von Patienten sowie Schwangeren räumlich von den Covid-19-Patienten getrennt. Ich denke, dass die Ansteckungsgefahr mit dem Coronavirus in deutschen Kliniken geringer war als in Supermärkten. Denn die Krankenhäuser wussten, wer infiziert war – und derjenige wurde isoliert. Verdachtsfälle wurden an gesonderten Stellen aufgenommen. Die Gesundheitsämter informierten die Kliniken, sodass sie Bescheid wussten, wann der Covid-19-Verdachtsfall eingeliefert werden sollte. Auch wenn ich es nicht bundesweit beurteilen kann, aber nach allem, was ich in Berlin mitbekommen und gehört habe, muss ich sagen: Die Zusammenarbeit zwischen Behörden und Krankenhäusern hat gut funktioniert.

Ich hatte keine Angst vor dem Coronavirus. Die meisten meiner Kolleginnen und Kollegen ebenso wenig. Das hatte ausgerechnet mit der Schweinegrippe-Pandemie von 2009 und den Krankenhauskeimen zu tun. Für Außenstehende klingt das vielleicht ein bisschen absurd, zumal ich ständig Bammel habe, mich zu erkälten oder sonst was zu kriegen. Im Job ist das eben anders. Als Krankenschwester bin ich die tägliche Gefahr gewohnt, ich lebe mit ihr und weiß im wahrsten Sinne des Wortes: All das bringt mich nicht um.

Die Schweinegrippe, die als H1N1 in die Geschichte einging, tauchte im Frühjahr 2009 auf und hielt die Welt gut ein Jahr lang in Schach. Nach Angaben der WHO verloren weltweit etwa 18 500 Menschen durch die Krankheit ihr Leben.

Eine wissenschaftliche Studie, die das auf Infektionskrankheiten spezialisierte Magazin »The Lancet« veröffentlichte, schätzte die Zahl der Toten zwischen 151 700 und 575 400.

Das Robert-Koch-Institut hatte bei der Schweinegrippe ebenfalls Alarm geschlagen. Allerdings waren die Auswirkungen dann doch verhältnismäßig gering. Vielleicht war das der Grund, warum das Institut beim Coronavirus anfangs eher gelassen blieb. Seinem H1N1-Abschlussbericht zufolge kamen in Deutschland 7882 Menschen mit Schweinegrippe in Krankenhäuser, 250 Leute starben. Kanzlerin Merkel hatte damals die sechzehn Bundesländer aufgefordert, für mindestens die Hälfte der Bevölkerung Impfstoffe zu beschaffen. Sie folgten dem Rat. Nur wollte sich kaum jemand impfen lassen, erst recht nicht, nachdem die Pandemie abebbte. So blieben ungefähr 28 der 34 Millionen beschafften Impfdosen ungenutzt. Der Weiterverkauf scheiterte. Nachdem das Verfallsdatum des Serums Ende 2011 überschritten wurde, mussten die Vorräte vernichtet werden. Der Schaden für die Bundesländer betrug nach offiziellen Zahlen 239 Millionen Euro. Den Herstellern war das sicher egal, sie hatten gut daran verdient. Im Nachhinein ist man immer schlauer. Das gilt für die Politik, die Wissenschaft und für uns alle. Ich hätte mir gewünscht, dass die Bundesregierung bei ihren Entscheidungen in der Corona-Krise sorgfältiger abgewogen und nicht nur auf das Robert-Koch-Institut gehört hätte, sondern auf viele andere Virologen und Epidemiologen, aber auch Psychologen, Soziologen und Ökonomen. Ich verstand nicht, warum Herr Spahn den Rat des Instituts als allein gültige Wahrheit betrachtete, als sehe er in der Einrichtung eine göttliche Instanz, die keinerlei Widerspruch verträgt.

Auch zehn Jahre später hätte ich mir daher für Deutschland weniger Aktionismus und mehr Eindeutigkeit gewünscht.

Allein wenn ich an die unterschiedlichen Empfehlungen zum Tragen einer Maske im Alltag denke, muss ich mich wundern. Manchmal hätte schon genügt, wenn ein Wissenschaftler oder Arzt einfach mal die Klappe gehalten hätte, wenn das Fernsehen um ein Interview bat. Aber nein, noch einer und noch einer sagte: Unbedingt Masken tragen. Dann stand der nächste vor einem Mikrofon und erklärte mit felsenfester Überzeugung das Gegenteil: Masken zu tragen bringt gar nichts. So verwirrt man die Bevölkerung und zerstört Vertrauen.

Ich fragte mich auch, ob das rigorose Schließen aller Schulen, Kitas, Cafés, Restaurants und kleiner Konzertsäle notwendig war. Ich verstehe die Regierungen in Berlin und den Bundesländern, da sie Verantwortung für alle Menschen tragen. Wer keine Entscheidungen treffen und im Nachhinein nicht rechtfertigen muss, hat gut reden. Und dennoch hätten einzelne Maßnahmen geprüft und gesamtgesellschaftliche Folgen bedacht werden müssen. Das sagen ja inzwischen auch viele Wissenschaftler, die das Robert-Koch-Institut im Gegensatz zu Herrn Spahn nicht als unfehlbare Gottheit anhimmeln.

Ich möchte nicht wissen, wie viele Selbstständige ihre Existenz verloren haben. Oder wie viele Frauen von ihren Männern und Kinder von ihren Eltern in der sozialen Abgeschiedenheit geschlagen und seelisch misshandelt worden sind. Angst vor Arbeitslosigkeit, Existenzverlust, Vereinsamung und genereller Überforderung machte sich breit. Die Telefone der Krisennotrufe standen nicht still. In einer Stadt wie Berlin tun sie das zwar sowieso nie, aber nun waren unter den Anrufern Menschen, für die die Welt eben noch in Ordnung gewesen war und die plötzlich vor dem Nichts standen, weil sie keine Arbeit mehr hatten und nicht wussten, wie sie ihre Familie ernähren sollten. Dieser Druck zermürbt und richtet Schäden in der Seele an.

Mir taten die alten Leutchen leid, die daheim oder in Heimen keinen Besuch mehr empfangen durften und regelrecht von der Außenwelt abgekoppelt worden waren. Ich konnte irgendwie verstehen, dass viele Senioren es sich nicht nehmen lassen wollten, ihre Einkäufe weiterhin selbstständig zu erledigen, obwohl sie sich damit einer Gefahr aussetzten. Wer möchte schon ununterbrochen eingesperrt sein.

Viele tausend Kinder wurden in ihrer Entwicklung gestört. Mit Sicherheit werden viele der jungen Generation den Rest ihres Lebens an der Erfahrung des Eingesperrt-Seins psychisch zu knabbern haben. Schüler aus armen Familien verloren den Anschluss an den Rest ihrer Klasse, weil sie keinen Computer und kein Tablet daheim hatten. Das sind Kinder, die es sowieso schon schwerer haben im Leben, weil die Eltern so dumm gewesen sind, für einen Appel und ein Ei in systemrelevanten Berufen zu schuften. Viele der Kleinen werden als Erwachsene zu den sogenannten Abgehängten gehören. Nun erlebten sie bereits als Kinder das Gefühl, abgehängt zu werden. Eine Krankenschwester sagte mir: »Während die Eliten im Homeoffice ihr Geld verdienen, reißen wir uns für ein paar Kröten den Arsch auf.« Das beschrieb das Gefühl, das sich zunehmend unter Kollegen breitmachte.

Nicht allein das Coronavirus barg eine tödliche Gefahr, sondern auch die Panik vor Ansteckung. Der Direktor des Instituts für Rechtsmedizin der Charité, Michael Tsokos, sprach vom Phänomen des »Corona-Suizids«. Der Professor wertete die Abschiedsbriefe in Polizeiakten von Menschen aus, die sich zwischen März und Mai das Leben nahmen, und machte eine selbst für ihn neue, erschreckende Feststellung: »Die Betroffenen hatten so viel Angst vor dem Tod, dass für sie nur noch der Tod der Ausweg war.«[11] Ich fragte mich als Mensch und als Krankenschwester: Sterben am Ende sogar mehr Leute weltweit an den Folgen des Lockdowns als an Covid-19? Aber was wäre die Alternative gewesen? Alles laufen lassen wie immer? Was wäre dann passiert? Noch mehr Tote? Wie gut ist es, kein Politiker zu sein.

Die Berichterstattung über das Coronavirus hat sicherlich zur Panik beigetragen. Jeden Tag ärgerte ich mich über die von Medien erzeugte oder verstärkte Hysterie, die die Ängste der Menschen nur noch befeuerte. Die neusten Zahlen der Infizierten und Toten waren die Fetische der Corona-Zeit. 99 Prozent aller Nachrichten hatten eine negative Ausrichtung, ständig wurden neue Hiobsbotschaften aus aller Welt aufgeblasen zu Sensationen. Aber offenbar war es auch das, was die Leser am meisten interessierte. Es ist ja bekannt, dass die Deutschen Weltmeister im Schwarzmalen und -sehen sind.

Immer wieder war von einem »Krieg« gegen den »unsichtbaren Feind« die Rede. Die Redakteure, die das schrieben, sollten einmal über einen unsichtbaren Feind berichten, der in Kliniken ein riesiges Problem darstellt – und das permanent, ohne dass es die breite Öffentlichkeit kümmert, Ärzte und Pflegekräfte aber seit Jahren umtreibt: die Krankenhauskeime. In Deutschland gibt es nach Berechnungen des Robert-Koch-Instituts, des Europäischen Zentrums für die Prävention und die Kontrolle von Krankheiten sowie der Berliner Charité jährlich bis zu 600 000 Infektionen. Dazu zählen Lungenentzündungen, Durchfallerkrankungen, Blutvergiftungen, Harnwegs- und Wundinfektionen. Die Zahl der durch die Keime verursachten Todesfälle wurde in der Studie mit 10 000 bis 20 000 angegeben.[12] Die Deutsche Gesellschaft für Krankenhaushygiene geht sogar von 900 000 Infektionen und bis zu 40 000 Toten aus.

Wie beim Coronavirus gilt auch für die Krankenhauskeime: Während sie gesunden Menschen in der Regel kaum Gefahr bringen, müssen immungeschwächte Patienten auf Intensivstationen, Krebskranke, Patienten der Chirurgie, frühgeborene Babys oder Menschen mit chronischen Wunden höllisch aufpassen. Bei ihnen können gegen Antibiotika multiresistente Erreger lebensgefährlich werden. Warum berichtet darüber niemand? Würden die Medien an der Stelle Druck aufbauen, würde Deutschland vielleicht das Modell der Niederlande kopieren. Dort werden neu ankommende Kranke gleich bei der Aufnahme in Kliniken stets auf die fraglichen Keime untersucht. Warum? Aus der Erkenntnis heraus, dass viele Patienten die Erreger mitbringen und sie sich nicht erst im Krankenhaus einfangen.

Die Proben gehen ins Labor, das sich an Ort und Stelle befindet. In Deutschland haben längst nicht mehr alle Kliniken solche Untersuchungseinrichtungen – sie wurden aus Kostengründen ausgelagert. Manchmal müssen die Proben sogar in die nächste Stadt geschickt werden. In den Niederlanden erfahren Patient und behandelnder Arzt schnell das Ergebnis. Das ist auch wichtig für die Therapie. Und: Trägt ein Erkrankter die fraglichen Keime in sich, kommt er in Quarantäne, um die Ausbreitung in einem Spital zu unterbinden. Holländische Krankenhäuser mit Intensivstation müssen mindestens einen klinischen Mikrobiologen anstellen, dessen Aufgabe es ist, Patienten vor multiresistenten Keimen zu schützen. Es wundert mich nicht, dass der Krankenhauskeim MRSA in Deutschland 16-mal häufiger vorkommt als in den Kliniken unseres Nachbarlandes.

MRSA steht für Methicillin-resistenter Staphylococcus aureus. Es gibt einen sehr guten Schutz davor: die strikte Einhaltung von Hygieneregeln. Für mich sind sie tägliche Routine, weshalb ich mich immer sicher fühle auf der Arbeit. Deshalb konnte mich auch das neuartige Coronavirus nicht ins Bockshorn jagen. Wie meine Kollegen wartete ich gelassen auf den großen Corona-Hurricane. Komm du nur – wir haben keine Angst! Und immerhin: Der gute Herr Spahn hatte endlich verstanden, dass Pflegekräfte Mangelware sind, wie es einst Bananen in der DDR waren. In seinem Brief an die Klinik-Geschäftsführer bat er darum, Studenten der Medizin »schon jetzt« für den Corona-Einsatz auszubilden und pensionierte Mitarbeiter aus dem Ruhestand zurückzuholen, was konkret hieß, besonders gefährdete Menschen an die vorderste Front zu schicken. Und das obwohl das Problem fehlender Schutzkleidung längst bekannt war.

Wer keine Masken hatte, brauchte für den Spott nicht zu sorgen. Mit böser Ironie hieß es in einem gemeinsamen Online-Aufruf von Pflegefachkräften an den Minister, den gut 450 000 Bürger – einer davon war ich – unterzeichneten: »Wir freuen uns jetzt schon auf die Hochrisikogruppe an der Beatmungsmaschine hoch infektiöser Patienten. Eine unglaublich aussichtsreiche, durchdachte Maßnahme!«[13]

7

MASKENMANGEL UND MANGELNDE WERTSCHÄTZUNG

Hysterie und Panik wurden in Berlins Krankenhäusern auf merkwürdige Weise sichtbar. Viele Menschen machten sich wegen des Coronavirus ins Hemd, was sie aber nicht davon abhielt, als Besucher getarnt in die Kliniken zu schleichen, um haufenweise Masken zu klauen. Besonders schwer war das anfangs noch nicht, denn die Masken standen überall offen herum. Erst nachdem man die ersten Raubzüge bemerkt hatte, wurden sie weggeschlossen. Nie wäre ich auf die Idee gekommen, dass OP-Masken einmal begehrtes Diebesgut sein könnten. Auch Desinfektionsmittel lösten sich scheinbar in Luft auf. Jedenfalls verschwanden sie auf Nimmerwiedersehen. Selbst Klopapier wurde aus den Besuchertoiletten gestohlen. Und dies ganz sicher nicht von Berufskriminellen, sondern von ganz normalen Bürgern, die sich für den Weltuntergang rüsteten. Wer bitte macht eigentlich so was?

Mundschutze und Desinfektionsmittel wurden dann größtenteils zu horrenden Preisen im Internet verhökert. Käufer auch hier oft der Otto Normalverbraucher. Entsetzlich, dass sich Privatleute mit Schutzausrüstung eindeckten und es damit Kliniken und Arztpraxen nur noch schwerer machten. Ich will gar nicht wissen, wie viel von dem geklauten und gehorteten Material letztendlich ungenutzt im Müll oder dem Abwasser landete. Dem Klinikpersonal fehlte es umso mehr: Die einfachen OP-Masken waren genauso weg wie der medizinische Atemschutz, die inzwischen berühmten FFP2 und FFP3, die ihren Träger mit nur minimalem Restrisiko vor dem Eindringen von Erregern schützen, wenn man sie korrekt trägt. Wegwerf-Kittel wurden ebenfalls zur Rarität.

Anfangs vertrauten meine Kollegen und ich noch den Zusagen von Jens Spahn, dass er ganz bald für Abhilfe sorgen werde. Schließlich beteuerte er vor jeder Kamera, dass er – obwohl es gerade verdammt schwierig sei, weil die ganze Welt die Dinger jage – viele Millionen Schutzmasken in China bestellt habe. Also musste man nur warten und hoffen. Doch schnell merkten wir, dass der Politiker den Mund sehr voll genommen hatte.

Die fehlende Schutzkleidung wurde zum Dauerthema in den Gängen der Stationen. Ich kann es nicht höflicher ausdrücken: Wir Krankenschwestern und Pfleger fühlten uns verarscht und verhöhnt. Während das Klinikpersonal von Frau Merkel als Helden gefeiert wurde, sorgte ihr Gesundheitsminister für eine Verschlechterung der ohnehin schon miesen Arbeitsbedingungen. In ganz Deutschland mangelte es an Schutzmasken, -kitteln, -handschuhen und -brillen sowie Desinfektionsmitteln. Die sozialen und klassischen Medien waren voller schlimmer Berichte und Klagen von Medizinern, Sanitätern, Schwestern, Pflegern in Krankenhäusern, Seniorenheimen und Praxen von Zahnärzten bis Orthopäden: Liefert irgendetwas, sonst ist Schluss bei uns, lauteten die Hilferufe. Überall bemühte man sich, das Material zu beschaffen. Im

Fernsehen sah ich eine Arzthelferin, die Baumärkte abtelefonierte, damit ihr Chef weiter Patienten empfangen konnte.

Ich las von dem Aufruf der brandenburgischen Oberhavel-Kliniken an die Bürger, Einweg-Regenmäntel zu spenden, und wusste nicht, ob ich lachen oder weinen sollte. Auf der Internetseite hieß es, Vorräte an Schutzkleidung »sind total erschöpft und reichen nicht einmal mehr für wenige Tage«. Der Aufruf fand Gehör, die Klinikleitung bedankte sich bei der Bevölkerung, betonte aber noch Mitte Mai: »Nach wie vor freuen wir uns über Schutzausrüstung (Masken, Kittel, Schürzen, Handschuhe), die Sie im Moment nicht benötigen und uns zur Verfügung stellen können. Insbesondere Regenmäntel (bitte mit Ärmeln!) nehmen wir gern entgegen.«

Die Baden-Württembergische Krankenhausgesellschaft rief die Pflegeeinrichtungen des Landes Mitte März in einem offiziellen Schreiben dazu auf, »mit dem vorhandenen Material sehr sparsam umzugehen«. Darin hieß es, sollte es komplett aufgebraucht sein, Nachschub nicht kommen und die Behörden keine Schließungen anordnen, »muss die Versorgung vollstationärer Bewohner notgedrungen ohne Schutzausrüstung erfolgen. Es greift dann der Rechtsgrundsatz, dass Unmögliches nicht gefordert werden kann.« Das bedeutete, dass ohne behördliche Anordnung keine Neuaufnahmen hätten stattfinden dürfen. Die Krankenhausgesellschaft wollte das nicht als verbindliche Vorgabe an die Heime verstanden wissen, sondern als »rechtliche Hinweise und eine Empfehlung für eine Situation, mit der sich erste Einrichtungen bereits konfrontiert sehen. Aufgrund des Versorgungsvertrags und des Heimvertrags kann die Versorgung nicht einfach mangels Schutzausrüstung eingestellt werden.«

Die Chefin der Wohlfahrtsverbandes Baden-Württemberg, Ursel Wolfgramm, interpretierte die Ausführungen allerdings sehr wohl als »Anweisung«, »einfach ohne Schutz weiterzuarbeiten«. Ob es ein Befehl war oder nicht: Es handelte sich um die Wahl zwischen Pest und Cholera. Entweder wären Beschäftigte der Heime im schlimmsten Fall der Fälle ohne Schutzmasken zu Senioren gegangen. Oder sie hätten sich geweigert und die alten Menschen im Stich gelassen. Tatsächlich soll in dem Bundesland Pflegepersonal aus Angst gekündigt haben, sich mangels Masken nicht genug vor Ansteckung mit dem Coronavirus schützen zu können. Bayern verbot Anfang April Alten- und Pflegeheimen sowie Einrichtungen für Behinderte, neue Patienten aufzunehmen – für mich ein Unding. Ich weiß von einer jungen Frau, die eine Ausbildung zur Altenpflegerin macht, die in die Zimmer von Infizierten musste, um ausgelernte Kollegen zu schützen. Sie berichtete mir von einer entsprechenden Anweisung, weil die Heimleitung nicht noch mehr Fachkräfte »verlieren will«.

Der Krisenstab der Bundesregierung legte den Krankenhäusern Ende März nahe, in Ausnahmefällen sowohl OP-, FFP2- und FFP3-Schutzmasken nach Gebrauch für 30 Minuten zwischen 65 und 70 Grad zu erhitzen und abermals zu verwenden, was unter Kollegen eine Welle der Empörung auslöste. Aber nicht deshalb, weil wir uns dagegen auflehnten, auf diese Weise den Mangel zu kompensieren. Für Entsetzen sorgte der »Hinweis« des Krisenstabes, dass die Dekontamination im – salopp ausgedrückt – Backofen zwar bei Coronaviren nütze, nicht aber zwingend bei anderen Viren und Bakterien. Alles drehte sich nur noch um das Coronavirus, Krankenhauskeime spielten also keine Rolle in den Überlegungen. Auch ein anderer »Hinweis« in der Stellungnahme des Krisenstabs schränkte das Sicherheitsgefühl ein: »Hinsichtlich der Wiederaufbereitung ist eine Temperaturbeständigkeit (70 °C) nicht in allen Fällen sicher anzunehmen.« Daher lautete denn auch die Empfehlung: »Prioritär ist der Ankauf von Atemschutzmasken.«[14] Nur gab es eben nirgendwo welche zu kaufen.

Damit nicht genug. Die Deutsche Gesellschaft für Sterilgutversorgung hielt die Erhitzung der Schutzmasken »auch für die besondere Situation der Corona-Krise keine praktikable, hygienische und gesicherte Methode«, weil die Temperatur im Ofen nicht überall gleich ist und obendrein Küchen nicht unbedingt der hygienischste Ort eines Krankenhauses sind. Der Position schloss sich die Deutsche Gesellschaft für Krankenhaushygiene an, die wiederum die Wiederaufbereitung der Masken in bestimmten Sterilisatoren empfahl. Es kam noch besser. Knapp vier Wochen nach der Empfehlung wurde durch einen Bericht des ZDF-Magazins »Frontal 21« ein Papier des Bundesinstituts für Arzneimittel und Medizinprodukte bekannt, das die vom Krisenstab angeratene Hitzemethode als ungenügend kritisierte, »um eine vollständige Inaktivierung infektiöser Viruspartikel auf den inkubierten Masken zu erzielen.«[15]

Vielleicht versteht man jetzt, wie wir uns gefühlt haben, was sich für eine Wut aufstaute und warum plötzlich Pflegekräfte in ganz Deutschland ihrer Empörung mit dem Satz Luft machten: »Wir sind kein Kanonenfutter!« Es ging ja nicht nur darum, Beschäftigte in Praxen, Kliniken und Pflegeheimen sowie Patienten und Senioren vor einer Covid-19-Erkrankung zu bewahren, sondern vor allem darum, weiterhin für alle anderen da zu sein. Wäre das Klinikpersonal in Scharen ausgefallen, wäre genau das passiert, was die Regierungen in Bund und Ländern verhindern wollten: Das Gesundheitssystem wäre kollabiert.

Ich benutzte den ganzen Tag trotz vieler Patienten unterschiedlichen Alters, Diagnosen und Vorerkrankungen nur eine einzige Maske. Normalerweise wird der Gesichtsschutz vor jedem Kontakt mit einem anderen Patienten gewechselt. Eine Kollegin aus dem niedersächsischen Melle kommentierte die schon erwähnte Petition der Pflegekräfte: »Die FFP3-Maske darf nicht gewechselt werden, wegen den Lieferengpässen müssen wir pro Pflegeperson ein und dieselbe Maske tragen. Es ist unzumutbar, wir werden nicht gefragt und wir bekommen nicht mal eine Gefahrenzulage. Ich arbeite Vollzeit mit 3 Kindern zu Hause, mit der Angst, irgendwas mit nach Hause zu nehmen. Ich übe den Beruf mit Leidenschaft seit 1998 aus, überlege aber, ob ich mir das noch gefallen lassen muss!« Eine andere Krankenschwester schrieb mir: »Ich arbeite auch in der Pflege und fühle mich wie in einem Krieg, in dem die Bauern (wir, die Pfleger) zuerst geopfert werden!!! Ich fühle mich wie der letzte Dreck! Schon immer arbeiten wir am Limit mit der totalen Unterbesetzung, keine Wertschätzung.«

Ich weiß nicht, wie oft ich in jenen Tagen aus dem Kollegenkreis ähnlich verzweifelte und wütende Töne hörte. Der einzige Unterschied zu sonst war: Sie waren deutlich lauter und fanden öffentliches Gehör. Vielfach gingen sie in die

Richtung: Das tue ich mir nicht länger an! Soll sich der Spahn selbst an die Beatmungsgeräte stellen!

Die Situation nahm beinahe schizophrene Züge an. Denn die Motivation unter den Kollegen und auch meine eigene blieben hoch. Wir wollten helfen, das Virus in Schach zu halten. Aber so gut wie jeder arbeitete zugleich gegen seine wachsende Frustration an. Die Lage spitzte sich zu, als sich erste Kollegen – zur Sicherheit oder weil sie Symptome hatten – auf das Coronavirus untersuchen lassen wollten, jedoch keine Tests bekamen. Der Zorn richtete sich zunehmend auch gegen Leute, die im Homeoffice arbeiteten und die Supermärkte leerkauften, während die Helden ihrem Beruf in Krankenhäusern nachgingen und nach der Spätschicht vor ausgedünnten Regalen standen. Ich selbst wurde einmal von einem smarten Typen zur Seite gestoßen, als ich zu einer Flasche Wasser greifen wollte. Er entschuldigte sich zwar, aber ich dachte trotzdem: Du bist sicher einer von denen, die auf dem Balkon klatschen und bei Facebook Solidarität predigen. Ich weiß, das war ungerecht. Aber Wut verstellt nun mal den Blick und mindert die Urteilskraft.

Die zunehmende Gereiztheit zeigte sich im Arbeitsalltag. Eine Mitarbeiterin aus dem Team, das Patienten und Klinikmitarbeiter mit frischer Wäsche versorgt, pflaumte mich an, als ich mir in der Wäschekammer Kleidung holen wollte. Ich wusste überhaupt nicht, was sie von mir wollte. Nachdem sie sich beruhigt hatte, erklärte sie mir, wo ihr der Schuh drückte und dass sich ihr Zornesausbruch gar nicht gegen mich persönlich richtete. Da Millionen Berliner nur noch in den eigenen vier Wänden hockten, fuhren die öffentlichen Verkehrsbetriebe verständlicherweise auch wochentags nur im Wochenendmodus. Weil der Bus nicht kam, musste die Frau, um pünktlich auf Arbeit zu sein, ein Taxi nehmen. Ich verstand ihren Kummer. Wäscheversorgungskräfte, wie ihr Job offiziell heißt, verdienen sehr wenig Geld. Eine Taxifahrt war für die Kollegin finanziell wie für andere eine Kreuzfahrt im Mittelmeer. Sie war nicht die einzige vergessene Heldin, die sich als Mensch zweiter Klasse fühlte. Etlichen anderen ging es ebenfalls so.

Nicht wahrgenommen und wertgeschätzt zu werden, scheint mir generell eines der größten Probleme im Klinikalltag zu sein. Ohne Wäscheversorgerinnen würde in Krankenhäusern genauso wenig laufen wie in Ärztepraxen ohne Zahnmedizinische und Medizinische Fachangestellte, kurz ZFA und MFA genannt. Eine Zahnmedizinische Hilfe schrieb mir über Facebook: »Egal, welchen Artikel man gelesen hat, von ZFA's war nie die Rede, und wir müssen genauso arbeiten, haben genauso ein erhöhtes Risiko – und das ist einfach mehr als traurig.« Recht hatte sie.

Mich erstaunte, wie schnell Heldinnen und Helden wieder vom Sockel gestoßen werden können. Je lauter der Beifall wurde, desto mehr mutete uns die Politik zu. Das Robert-Koch-Institut weichte Ende März seine Coronavirus-Empfehlungen für Ärzte, Krankenschwestern und Pfleger auf, als wären die Helden keine Menschen, sondern Außerirdische, denen die Natur nichts anhaben kann. »Medizinisches Personal muss künftig nach engem ungeschütztem Kontakt zu Covid-19-Erkrankten nicht mehr so lange in Quarantäne und darf bei dringendem Bedarf in Klinik oder Praxis arbeiten, solange keine Symptome auftreten«, verkündete Institutspräsident Lothar Wieler. Darf?! Hatte er wirklich »darf« gesagt? »Das ist ja sehr freundlich, dass ich arbeiten darf«, platzte es aus mir heraus, als ich das auf einer Webseite der Bundesärztekammer las. Ich schnaubte vor Wut und schimpfte: »Ich fass es nicht!«

Während in Deutschland und dem Rest der Welt Menschen, die ungewollt und ungeschützt mit einem Coronavirus-Infizierten in Berührung kamen, zwei Wochen lang in Quarantäne sollten, sollten für Mitarbeiter von Krankenhäusern und Arztpraxen sieben Tage ausreichen. Im Klartext hieß das: Selbst wenn meine Kolleginnen und ich mit einem Infizierten in Berührung gekommen waren, sollten wir, sofern wir keine Symptome zeigten, schon nach einer Woche wieder Patienten betreuen. Und selbst, wenn wir positiv getestet würden, sollten wir bei dringendem Bedarf und bei einem sehr milden Krankheitsverlauf unter Umständen weiterarbeiten können.

Ich fragte mich: Wenn das Virus so gefährlich war wie das Robert-Koch-Institut es vermutete, warum musste dann nicht gerade das Pflegepersonal zwei Wochen in Quarantäne? Was unterschied uns Krankenschwestern von anderen Menschen? Was war mit den Kollegen, die kein Auto hatten und öffentliche Verkehrsmittel benutzen mussten? Wo sollte ich mich in der Klinik umziehen und welche Toilette benutzen?

Ich verstand es nicht. Aber ganz ehrlich: Die Umsetzung der Empfehlung wäre – jedenfalls für mich – trotzdem akzeptabel gewesen, um personelle Lücken zu schließen. Wir hätten die Schwerkranken jedenfalls nicht allein gelassen. Auch italienische Ärzte und Krankenschwestern arbeiteten trotz Corona-Symptomen weiter. Ich hatte nach wie vor keine Angst vor dem Virus. Der wunde Punkt war die Begründung des Instituts und die Einstellung, die offenkundig dahinterstand. Mit der Aufweichung der Empfehlung sollte laut Herrn Wieler »die Balance zwischen Praktikabilität und Patientenschutz gewahrt bleiben«. Gerne. Aber dann hätte den Kliniken ausreichend Schutzkleidung zur Verfügung gestellt werden müssen. Und wo – bitte sehr – blieben in dieser »Balance«-Rechnung Mediziner, Pflegekräfte, deren Familien und zufällige Begegnungen auf der Straße oder in der Klinik?

In Italien waren bis Anfang Juni weit mehr als 25 000 Mediziner und Pfleger mit dem Coronavirus infiziert, mehr als hundertfünfzig Ärzte und über dreißig Krankenschwestern starben an Covid-19. Trotz dieser alarmierenden Zahlen wurden in Deutschland die Quarantänevorgaben für Klinikpersonal aufgeweicht. Wer machte denn all die Abstriche in den Mündern von Bürgern unter Corona-Verdacht? Wer behandelte und kümmerte sich um Covid-19-Patienten? Jedenfalls nicht Herr Wieler und seine Leute. Bis Mitte Mai waren laut Robert-Koch-Institut von den etwas mehr als 175 000 registrierten Corona-Infizierten in Deutschland knapp 12 000 Mitarbeiter aus Krankenhäusern, Arztpraxen, Rettungsdiensten und anderen Gesundheitsberufen, 19 von ihnen starben. Lag ihr Anteil im April noch bei 4,8 Prozent, betrug er vier Wochen später schon 6,8 Prozent – und das, obwohl die Zahlen insgesamt eine stetige Tendenz nach unten aufwiesen. Die Dunkelziffer könnte noch höher gelegen haben. Denn fehlte es zunächst an Schutzkleidung, mangelte es später vor allem an Tests, um die Infizierten rauszufischen. Vielleicht hätte man die Tests den Krankenhäusern und Arztpraxen überlassen sollen statt den Profi-Fußball-Klubs.

Die Balance zwischen Praktikabilität und Patientenschutz war also ein wahrer Balance-Akt. Ich habe den Beruf der Krankenschwester ergriffen, um Patienten bei der Genesung zu helfen und nicht, um Ärzte, Pfleger, Familie, Freunde oder Fremde in Gefahr zu bringen. Wie sollte man als möglicherweise Coronavirus-Infizierte ruhigen Gewissens zur Arbeit gehen, sich im Krankenhaus bewegen und so tun, als wäre nichts? Schließlich hieß es damals, dass Symptome von Covid-19 noch nach zwei Wochen auftreten könnten. Das fand ich unerhört. Und ich kenne keinen Kollegen, keine Kollegin, die das nicht ähnlich empfanden.

Nein, ich konnte es nicht verstehen.

Es fehlte nicht nur an Schutzkleidung, sondern auch an Tests. Aber auch das hatte die Politik verpennt. Eine junge Intensiv-Schwester, die auf einer Corona-Intensivstation arbeitete, berichtete mir über ihre Odyssee, sich testen lassen zu wollen, nachdem sie Husten und Halsschmerzen bekommen hatte. Nach zig Telefonaten mit ihrem Arbeitgeber und dem Gesundheitsamt ging sie zu ihrem Hausarzt, der sie scherzhaft mit den Worten begrüßte: »Wir machen keinen Abstrich, Sie müssen zum Gesundheitsamt.« Sie berichtete: »Mir fehlten die Worte. Na ja, immerhin hat er dann eine Überweisung per Fax an das Gesundheitsamt geschickt.« Die Kollegin verstand die Welt nicht mehr: »Alle Menschen sollen zu Hause bleiben, werden bei Bedarf auf Corona untersucht und wir als Pflegekräfte sollen arbeiten gehen.« Nachdem sich die Symptome nicht verschlechterten, sagte sie den Termin beim Gesundheitsamt ab und ging wieder zur Arbeit. Ihre Begründung lautete: »Hatte ein zu schlechtes Gewissen.«

Fast zeitgleich mit der seltsamen Empfehlung des Robert-Koch-Instituts erreichte mich Ende März eine schreckliche Nachricht aus Italien. Die 34-jährige Krankenschwester Daniela Trezzi, die auf der Intensivstation des San-Gerardo-Krankenhauses in Monza in der Lombardei arbeitete, hatte sich das Leben genommen. Sie hatte sich mit dem Coronavirus angesteckt, musste am 10. März nach Hause in Quarantäne und wurde zwei Wochen später tot in ihrer Wohnung aufgefunden. Freunde berichteten, die junge Frau sei an der Vorstellung verzweifelt, das Virus auf andere übertragen zu haben. Sie klagte kurz vor ihrem Tod über die Arbeitsbelastung – die Lombardei hatte es am schwersten in Italien getroffen. Der nationale Verband der Krankenschwestern und -pfleger trauerte um die junge Kollegin und erklärte: »Keine Krankenschwester, kein Pfleger überlässt irgendjemanden seinem Schicksal, auch wenn wir dabei – und das ist hiermit bewiesen – unser Leben aufs Spiel setzen. Aber jetzt reicht's. Wir fordern: Lasst die Pflegekräfte nicht im Stich!«

Wie in Italien stand auch in Deutschland eine Frage – unumstößlich wie ein Sumo-Ringer – im Raum: Geht man so mit seinen Helden um? Ende März interviewte mich »Zeit Online« zu meinem Wut-Posting. In den Leserkommentaren meldete sich eine Kollegin zu Wort: »In meinem Haus ist es inzwischen so, dass wir uns bei bestimmten multiresistenten Keimen nicht mehr isolieren sollen, weil die Schutzkleidung ausgeht.« Schutzmasken sollten nur noch beim Absaugen des Rachenraums eines Patienten verwendet werden. »Manchmal denke ich, wir sind zum Schluss wie die Leute, die Tschernobyl gelöscht haben, kurzer Applaus und Abgang.«

Ich weiß von Kolleginnen in Westdeutschland, die benutzte Schutzkleidung mit nach Hause zum Waschen nahmen und sie tatsächlich im Backofen trockneten. Das Gefühl, als Kanonenfutter verheizt zu werden, nahm immer mehr Raum ein auf Arbeit und brannte sich in die Seelen meiner Kolleginnen und Kollegen ein. In dem Maße, wie ihr Zorn zunahm, steigerte sich das Muffensausen unter Politikern. Ihnen schwante, dass zwar genügend Sauerstoffgeräte und Intensivbetten da waren, aber es an Fachkräften fehlte, die die Instrumente bedienen und die schweren Covid-19-Fälle betreuen konnten. In dem Online-Aufruf an Jens Spahn wurde gespottet: »In Italien fehlten Intensivkapazitäten und Pflegekräfte, bei uns fehlt nur Letzteres.«

Zeitnot, Überlastung, Burnouts, Verschieben freier Tage, Überstunden ohne Ende – das war für uns Pflegerinnen und Pfleger Normalität. Nun aber fiel das Unnormale an dem Normalzustand der breiten Öffentlichkeit auf. Zu dem personellen Notstand hatten Einsparungen geführt, zu denen sich Krankenhäuser gezwungen sahen. Allein zwischen 2002 und 2007 wurden mehr als 30 000 Pflegestellen in Deutschland gestrichen. Schuld daran war vor allem die Einführung der – zu eng berechneten – Fallpauschalen. Mit ihrer Hilfe sollte die »Kostenexplosion« im Gesundheitswesen begrenzt werden, die befürchtet worden war, weil immer mehr alte Menschen in Deutschland leben. Hinter den Fallpauschalen steht der merkwürdige Gedanke, dass die Behandlung einer bestimmten Erkrankung zu einem festen Preis zu haben ist. Der Pauschalbetrag wird unabhängig davon fällig, wo die Behandlung stattfindet und was genau das Krankenhaus tut. Von Anfang an war klar, dass dieser Schematismus dazu beitragen wird, dass hoch spezialisierte und auf Effizienz getrimmte Kliniken mehr verdienen als Krankenhäuser für Krethi und Plethi. Platt gesagt: Das Einpflanzen von Herzkathetern oder Knie-prothesen, überhaupt Operationen aller Art, lohnen sich für die Spitäler deutlich mehr, als Patienten zu hegen und zu pfle-gen. Nüchtern betrachtet, nahm damit die Bedeutung der Ärzte im Krankenhausbetrieb zu, die der Gesundheitspfleger ab. Ich aber wünsche mir, dass endlich die Versorgung der Pa-tienten an erster Stelle steht und nicht die Fallpauschale.

Zum Glück gab es in jüngerer Zeit Bemühungen der Poli-tik, das Thema Personalmangel anzugehen. Und hier muss ich auch einmal Jens Spahn ausdrücklich loben. Er hat es ver-sucht und wird sich unter dem Eindruck der Corona-Pande-mie hoffentlich weiter für eine Trendumkehr einsetzen. Die Wende ist definitiv noch nicht geschafft. Im Oktober 2018 schätzte die mit den Gewerkschaften verbandelte Hans-Böckler-Stiftung die fehlenden Vollzeitstellen in Kliniken auf 100 000. Ein Jahr später präsentierte das Deutsche Krankenhausinstitut Berechnungen, wonach bis 2030 rund 187 000 Pflegekräfte zusätzlich gebraucht werden: 63 000 in den Kliniken, 51 000 in der stationären und 73 000 in der am-bulanten Pflege. Das liegt auch daran, dass altgediente Kran-kenschwestern in den Ruhestand gehen werden, viel zu viele Pfleger nach wenigen Jahren kündigen und junge Leute kei-nen Bock haben, sich den Knochenjob anzutun.

Was der Personalmangel für die Patienten und Senioren be-deutet, kann sich jeder vorstellen. Doch öffentlich darüber diskutiert wird das nur, wenn eine Pandemie die Menschheit heimsucht – oder skandalöse Umstände von Medien aufgedeckt werden. Dann schreit das Land auf. Etwa im Herbst 2018, als bekannt wurde, dass die Medizinische Hochschule Hannover regelmäßig Jungen und Mädchen, auch lebensbedrohlich erkrankte, abweisen muss. Die Klinik hat eine der größten Kinderintensivstationen in Deutschland und genießt einen exzellenten Ruf. Jedes Jahr werden dort etwa 1200 kleine Patienten behandelt, darunter Jungen und Mädchen mit angeborenem Herzfehler, Organversagen und anderen schlimmen Diagnosen. 2018 konnte das Krankenhaus jedoch rund dreihundert Mädchen und Jungen – ein Drittel von ihnen hatte lebensbedrohliche Erkrankungen – nicht aufnehmen, weil Intensivschwestern und -pfleger fehlten.

Wenn ich mir vorstelle, wie sich die Eltern gefühlt haben müssen, könnte ich heulen vor Kummer und Wut. Sie müssen eine Alternative finden und können nur hoffen und bangen, dass sich der Zustand ihrer Kleinen nicht verschlechtert. Das Krankenhaus Hannover traf dabei keine Schuld. Für zwei Kinder muss nach internationalen Standards eine Pflegekraft zur Verfügung stehen. Die Ärzte handelten verantwortlich, die Personalgrenze strikt einzuhalten. Täten sie es nicht, wären zwar mehr Kinder auf der Station – aber zugleich welche gefährdet. Einfach Schwestern aus anderen Abteilungen abzuziehen, geht nicht, wenn sie keine Ausbildung für Intensivmedizin haben. Abgesehen davon, dass ihr Weggang woanders Lücken reißen würde, wo ebenfalls Not an Mann und Frau herrscht. Der eklatante Personalmangel ist eben systembedingt.

Nun könnte man denken, dass nach dem Aufschrei über den schrecklichen Zustand in der Klinik etwas passierte, damit nie wieder bis zu 30 Prozent der Betten der Kinderintensivstation frei bleiben müssen. Im Januar 2020 erzählte eine Krankenschwester anonym in der »Hannoverschen Allgemeine« über die Situation. Demnach ist sie noch dramatischer, weil inzwischen bei Leasingkräften gespart worden sein soll. »Wenn es so weitergeht, dann wird es für die Patienten gefährlich«, sagte die Kollegin, die seit zwei Jahrzehnten in der Klinik arbeitet und hoffentlich nicht die Kinderintensivstation meinte. Die Kollegin bekannte: »Das schlechte Gefühl, bei der Arbeit nicht alles geschafft zu haben, werde ich nicht mehr los.«

Gerade das finde ich brutal, dass hinten und vorn gespart wird, Krankenschwestern sich den Hintern aufreißen und sich dann zu Hause, statt den Feierabend oder -morgen zu genießen, mit einem miesen Gewissen rumplagen, weil Arbeit liegen bleibt oder Patienten zu kurz kommen. Es ist geradezu absurd, dass die Motivation der Pfleger auf diese Weise ausgenutzt wird. Kein Wunder, dass die Kollegin in Hannover feststellte: »Noch nie gab es eine Zeit, in der ich abends und nachts so viel über die Arbeit nachgedacht habe.« Und das war vor der Corona-Welle.

Auch mir geht es immer öfter so, dass ich daheim grüble, wie es weitergehen soll. In der Corona-Zeit verstärkte sich das bittere Gefühl, stauten sich Unmengen an Wut und Frust auf. Eine Zumutung folgte der nächsten. Ich empfand es als unglaublich scheinheilig, erst das Gesundheitswesen kurz und klein zu sparen und dann in hektische Betriebsamkeit zu verfallen, um im Eiltempo jahrelange Fehler auszuradieren – und das auch noch mit zum Teil kruden und verfassungsrechtlich fragwürdigen Ideen.

Herr Spahn wollte, dass die Regierung in Berlin bei Bedarf zur »Feststellung einer epidemischen Lage von nationaler Tragweite ermächtigt« wird, um in diesem Fall ohne Beteiligung der 16 Länder über Verordnungen bundesweit verbindliche Entscheidungen treffen zu können. Wenn ich »Ermächtigung« höre, denke ich an die schlimmen Erfahrungen in der Weimarer Republik und Länder wie Russland oder Ungarn, aber nicht an die Bundesrepublik Deutschland. Für mich hat das wenig mit Föderalismus, sondern mit einer unguten Anhäufung von Macht zu tun. Die Bundesregierung hätte allein festlegen können, ob Versammlungen und Gottesdienste stattfinden und wann Schulen, Kitas, Kinos, Theater, Konzertsäle, Läden und Restaurants schließen müssen und wieder öffnen dürfen. Spahn befürwortete sogar die Möglichkeit, per Handyortung Menschen zu suchen, die Corona-Infizierten begegnet waren, und medizinisches Personal zu zwingen, in Kliniken oder Heimen zu arbeiten. Alles natürlich nur vorübergehend. Trotzdem fand ich es mehr als heikel. Die Verhältnismäßigkeit der Mittel muss ja schließlich gewahrt bleiben.

Der Widerstand war absehbar, folgte prompt und zeigte, dass unsere Demokratie intakt ist. Eine »epidemische Lage von nationaler Tragweite« muss nun der Bundestag als Vertretung des Volkes erklären und wieder aufheben – und eben nicht die Regierung im Alleingang. Auch auf die Möglichkeit einer Zwangsrekrutierung von Ärzten, Pflegern, anderen Mitarbeitern in Gesundheitsberufen und Medizinstudierenden musste Spahn verzichten. Offenbar hatte Bundesjustizministerin Christine Lambrecht dagegen protestiert, ich vermute wegen verfassungsrechtlicher Bedenken. Die Sozialdemokratin lehnte auch die Nutzung personenbezogener Mobilfunkdaten als »weitreichende Eingriffe in die Bürgerrechte« ab und brachte damit Spahns Idee zu Fall.

Was mich sehr erstaunt hat: Geht es um den Umweltschutz oder Frauenrechte, zeigt sich gerade Merkels und Spahns CDU stets geduldig. Da wird jahrelang auf Freiwilligkeit gesetzt, ehe die Industrie mit einem Gesetz gezwungen wird. Aber Ärzte, Krankenschwestern und Pfleger sollten zwangsrekrutiert werden – das passte zur Rhetorik vom »Krieg gegen den unsichtbaren Feind«. Ich glaube aber, dass hier Freiwilligkeit viel besser ist als ein schwerer Eingriff in die Grundrechte. Unzählige frühere Mitarbeiter von Krankenhäusern und Arztpraxen meldeten sich aus freien Stücken, ob sie helfen könnten. Das zeigte, dass Freiwilligkeit genügte.

Und dennoch: Auch die Regierung von Nordrhein-Westfalen unter Ministerpräsident Armin Laschet wollte die Option einer Zwangsverpflichtung auf Landesebene beschließen. Behörden in NRW sollten das Recht erhalten, von Gemeinden, Hilfsorganisationen, Ärztekammern und Kassenärztlichen Vereinigungen zu verlangen, Namen, Alter, medizinische Fachrichtung und Kontaktdaten ihrer aktiven oder im Ruhestand befindlichen Mitglieder herauszugeben. Und dann? Sollte das Gesundheitsamt zum Beispiel Ärzte ohne Grenzen anweisen können, Informationen über Mediziner rauszurücken – für mich auch in schlimmen Krisenzeiten inakzeptabel. Auch dort scheiterte die Landesregierung am Widerstand von Opposition und Ärzten. Nur Bayern setzte die Option einer Zwangsrekrutierung durch. Da konnte ich nur hoffen, dass den abkommandierten Ärzten und Pflegern genügend Schutzbekleidung zur Verfügung stand, wenn sie in Altenheimen und in Kliniken aushelfen mussten.

Mit seiner Corona-Panik vernichtete Jens Spahn in wenigen Wochen das Vertrauen, das er sich bei uns Pflegekräften durchaus erworben hatte. Der Minister nahm ausgerechnet eine Maßnahme zurück, mit der er bei Krankenschwestern und Pflegern Pluspunkte gesammelt hatte, weil sie spürbare Erleichterung im Arbeitsalltag brachte. Herr Spahn setzte die von ihm durchgedrückten Vorgaben für die Mindestzahl von Fachkräften in besonders pflegeintensiven Stationen kurzerhand wieder aus – auch die, die er erst zum 1. Januar 2020 eingeführt hatte.

Dabei hatte der Minister bei den Personaluntergrenzen Biss gezeigt. Weil sich die gesetzlichen Kranken- und Pflegekassen sowie die Klinikbetreiber nicht selbst auf ein akzeptables Verhältnis zwischen Pflegekräften und Patienten einigten, hatte Spahn die Quoten selbst festgelegt. Die Untergrenzen gelten in den Bereichen Intensivmedizin, Geriatrie, Unfallchirurgie, Kardiologie, Herzchirurgie, Neurologie, der Neurologischen Frührehabilitation und den Schlaganfall-Einheiten. Damit die Vorgabe nicht unterlaufen wird und es zu einem Verschiebebahnhof von Personal kommt, sollen die Kliniken überprüft werden. Bei Verstößen sollen die Krankenhäuser mit finanziellen Einbußen bestraft werden.

Die Vorgabe soll garantieren, dass wir nicht in enormer Unterbesetzung arbeiten. Trotz aller Kritik, dass sie nur in acht Fachbereichen gilt, halte ich die Maßnahme für einen Fortschritt. Ein Beispiel: In der Kardiologie darf eine Pflegekraft in der Tagesschicht maximal zehn Patienten betreuen, in der Nachtschicht höchstens 20. Bis dahin lagen die Zahlen bei 12 und 24. Das ist kein Quantensprung, aber für alle handhabbar. In der Corona-Krise war es aber plötzlich wieder egal, wenn eine einzige Pflegekraft für 40 Patienten zuständig war. Alle Kraft wurde auf die Covid-19-Intensivbereiche ausgerichtet. Dort arbeiteten jetzt auch Kinderärzte und Chirurgen. Denn die Krankenhäuser hatten ja Aufnahme- und Operationsstopps verhängt. So kam es zu völlig unterschiedlichen Situationen in den einzelnen Abteilungen. Die meisten Stationen waren plötzlich leer. In anderen herrschte weiter der übliche Hochbetrieb. Prompt erlebte ich auf den Nicht-Corona-Stationen personelle Engpässe. Ich hatte im April Frühschichten, da war auf einmal wieder nur eine festangestellte Krankenschwester mit einer Schülerin und mir für vierzig Patienten verantwortlich.

Überall in Deutschland meldeten Kliniken Kurzarbeit an und stornierten Leasingkräfte, was angesichts des epischen Fachkräftemangels im Gesundheitswesen geradezu grotesk anmutete. Mitte Mai musste auch ich in Kurzarbeit, worüber ich nicht sauer war, weil ich dadurch Zeit hatte, mein Buch zu schreiben. Festangestellte der Krankenhäuser mussten Überstunden abbauen, sonst drohte auch ihnen Kurzarbeit. In den vollen Stationen aber schufteten die Krankenschwestern wie eh und je – denn sie hatten nun keine Leasingkräfte mehr zur Seite. Alles wirkte planlos.

Leasingkräfte, ohne die normalerweise das System zusammenbrechen würde, mussten daheimbleiben. Dabei hatte Herr Spahn Ende April verkündet, die Krankenhäuser allmählich wieder hochzufahren. Die Operationen sollten bald den Stand von 75 Prozent vor der Corona-Krise erreichen. Das hielt ich für äußerst sinnvoll, weil nicht dringende Eingriffe irgendwann als Notfall in der Klinik landen können.

Zugleich aber sollten Intensivbetten für mögliche Covid-19-Patienten freigehalten werden. Die Aussetzung der Personaluntergrenzen traf zusammen mit einer weiteren Maßnahme, die an der breiten Öffentlichkeit schon weitgehend vorbeiging: der Ausnahmegenehmigung für 12-Stunden-Schichten. Verantwortlich dafür waren Herr Spahn und Bundesarbeitsminister Hubertus Heil. Krankenschwestern und Pfleger konnten vom 10. April an verpflichtet werden, zwölf Stunden am Stück zu arbeiten. In der Verordnung dazu hieß es: »Dies gilt nur, soweit die Verlängerung nicht durch vorausschauende organisatorische Maßnahmen einschließlich notwendiger Arbeitszeitdisposition, durch Einstellungen oder sonstige personalwirtschaftliche Maßnahmen vermieden werden kann.«

Einstellungen? Wo Krankenhäuser so schon kaum Leute anheuern können, sollten sie in der Corona-Zeit Pflegekräfte finden, die bereit waren, auch mal zwölf Stunden am Stück zu arbeiten. Das haben die Beamten in den Ministerien hoffentlich selbst nicht geglaubt. Zudem teilte ich die Angst vieler Kolleginnen, dass die bis Ende Juni befristeten Ausnahmen über den Sommer hinaus verlängert würden. Für Mütter unter meinen Kolleginnen hieß das, endgültig kein Familienleben mehr zu haben. Aber Hauptsache, der Bevölkerung kann der Eindruck vermittelt werden: Die Regierung kann Krise.

Ich hätte mir klare Anweisungen zum Schutz der Mitarbeiter im Gesundheitssystem gewünscht und hatte sie auch erwartet. Stattdessen kamen Anweisungen, die genau das Gegenteil bewirkten. Wie so viele Kolleginnen und Kollegen fühlte ich mich im Stich gelassen und als Kanonenfutter einer Regierung, die die Krise – bei aller Dankbarkeit für die Milliardenausgaben zur Abfederung sozialer Not und zur Rettung der Wirtschaft – eben auch zur Profilierung nutzte.

Ich war mit dieser Haltung nicht allein. Nach meinem Wut-Posting erhielt ich Tausende Nachrichten von Kollegen aus allen Regionen Deutschlands, die mir die Situation in Kliniken und Pflegeheimen schilderten. Es war überall das Gleiche. Eine Krankenschwester schrieb mir: »Das ganze Wir-sind-Helden-Gequatsche geht mir auch aufn Sack. Schön, dass alle klatschen, macht aber meinen Überstundenzettel nicht kleiner. Meine Dienste am Stück nicht weniger. Meine freien Tage nicht mehr und mein Konto füllt das auch nicht. Der Job war mal so schön, aber jetzt nervt es nur noch. Bleib stark und wenn du den Spahn zufällig sprechen solltest, richte ihm aus, er ist ein Scheiß-Idiot, der uns gerne mal seinen Lohn überlassen kann, aus Solidarität.«

Offenkundig war ich nicht die einzige Krankenschwester mit Wut im Bauch.

8

KOLLEKTIVE VOLLNARKOSE

Immer wieder fragte ich mich, ob die Politiker und die Balkon-Klatscher wissen oder wenigstens eine Vorstellung davon haben, wie der Ablauf und der Alltag in einem Krankenhaus oder einer Pflegeeinrichtung aussehen. Mir wurde oft gesagt, die Leute, die da Beifall spendeten, könnten es ja gar nicht wissen. Sonst wären sie nämlich Krankenschwestern, Pfleger, Ärzte, Wäscheversorgungskräfte, Notfallwagenfahrer, Sanitäter oder medizinische Assistentinnen – und im Dienst gewesen. Aber Unwissenheit darf keine Ausrede sein. Ich hoffe, dass einige der Balkon-Klatscher mein Buch lesen, vielleicht auch der eine oder andere Politiker.

Seit ich als Krankenschwester arbeite, erlebe ich im Kollegenkreis, dass über den amtierenden Gesundheitsminister geschimpft und gemeckert wird, egal welcher Partei er angehört. Bis auf Philipp Rösler, der als studierter Arzt in einem Bundeswehr-Krankenhaus tätig war, kam jahrzehntelang kein einziger aus der Praxis. Ein Runninggag, über den ich nicht mehr lachen mag. Obwohl zig Gesundheitsminister keine Ahnung hatten, wie der Arbeitsalltag einer Klinik aussieht, entschieden sie maßgeblich mit, wie er gefälligst auszusehen hat. Herr Spahn, der Bankkaufmann, war drei Jahre parlamentarischer Staatssekretär im Bundesfinanzministerium – da hat er wenigstens gelernt, jeden Euro drei Mal rumzudrehen, bevor er ihn ausgibt.

Eine Kollegin nannte Herrn Spahn den »Anti-Gesundheitsminister«. Tatsächlich hatte er sich die Bezeichnung mit all seinen Zumutungen für uns Pflegekräfte verdient. Denn eins ging bei der ganzen Begeisterung für das Krisen-Management der Kanzlerin und ihres Wundheilers weitgehend unter: Deutschland hätte sehr wohl vorbereitet sein können auf die Pandemie. Hätten Frau Merkel und Herr Spahn den nationalen Pandemieplan und das viele Jahre alte Krisenszenario des Robert-Koch-Instituts gelesen, hätte es das Pflegepersonal nicht so böse erwischt.

Jedenfalls kann niemand in der Regierung behaupten, er habe nichts gewusst. Die Gefahr einer Pandemie war bekannt. Der amerikanische Unternehmer Bill Gates hatte im März 2015 einen eindringlichen Appell an die Menschheit gerichtet. »Heute sieht die schlimmste Gefahr einer globalen Katastrophe nicht mehr so aus«, sagte der Milliardär auf einer Konferenz im kanadischen Vancouver und zeigte im Hintergrund einen Atompilz, »sondern so«: Nun sahen die Gäste das 3D-Modell eines Grippevirus. »Wenn etwas in den kommenden Jahrzehnten mehr als zehn Millionen Menschen tötet, dann wird es höchstwahrscheinlich ein hochansteckendes Virus sein und kein Krieg. Keine Raketen, sondern Mikroben.«

Gates, der 1975 Microsoft gegründet hatte, verwies auf die milliardenschweren Ausgaben zur Abwehr eines nuklearen Angriffs. »In ein System, das eine Epidemie aufhält, haben wir aber nur sehr wenig investiert. Wir sind für die Epidemie nicht gerüstet.« Die 2014 ausgebrochene Ebolafieber-Epidemie in Westafrika nannte Gates einen »Weckruf«. Wie ein Prophet sagte er ein Virus voraus, das schon übertragbar sein könnte, »wenn sich die Infizierten noch gesund fühlen«. Aber er betonte: »Es besteht absolut kein Grund zur Panik. Wir müssen nicht Spaghetti-Dosen horten oder uns im Keller verschanzen. Aber wir müssen jetzt loslegen. Denn die Zeit arbeitet gegen uns.«

Weder in den USA noch in Italien, Spanien, Großbritannien, Deutschland oder sonst wo auf der Welt befolgten Regierungen diesen Rat. Natürlich ist mir klar, dass es schwer abschätzbar ist, ob aus einer Epidemie eine Pandemie wird, erst recht, wenn der Ursprung in einem Land wie China liegt, das häufig eine unklare Informationspolitik fährt. Das Coronavirus und die damit verbundene globale Krise war in ihrem Verlauf nicht vorhersehbar. Herrn Spahn blieb anfangs nichts weiter übrig, als den Einschätzungen des Robert-Koch-Instituts, das der Bundesregierung unterstellt ist, zu vertrauen. Er hielt sich an die Aussagen der Fachleute, verhielt sich dabei aber nicht besonders weitsichtig.

»Die Gefahr für die Gesundheit der Menschen in Deutschland durch die neue Atemwegserkrankung aus China bleibt nach unserer Einschätzung weiterhin gering«, erklärte der Gesundheitsminister Ende Januar. Mit »unserer« meinte er die Regierung und das Robert-Koch-Institut. Soeben hatte Bayern seinen ersten bestätigten Corona-Fall gemeldet und die Weltgesundheitsorganisation WHO die Epidemie in China zum Notfall »von internationaler Tragweite« erklärt. »Wir sind gut vorbereitet«, verkündete Spahn und bezog auch »die Ausstattung« ein, »die wir brauchen«. Inzwischen wissen wir, dass das so nicht stimmte: Die Beruhigungspille war ein Placebo. Ich will nicht hoffen, dass das Robert-Koch-Institut das Tragen von Masken zu Beginn der Corona-Welle nur deshalb nicht empfahl, weil es wusste, dass die vorhandene Schutzkleidung nicht einmal für das medizinische Personal ausreichte.

Der nationale Pandemieplan, der 2005 im Auftrag der damaligen Gesundheitsministerin Ulla Schmidt, einst Mitarbeiterin bei Woolworth und Lehrerin, vom Robert-Koch-Institut erarbeitet wurde, beinhaltet das Anlegen eines Vorrats medizinischer Ausrüstung. Konkret genannt werden »Reservierung, Einkauf, Lagerung von Medikamenten, Impfstoffen, Materialien.«[16] Medikamente und Impfstoffe gab es bekanntlich nicht gegen Covid-19. Das ist nicht der Punkt. Mit Materialien ist aber Schutzkleidung gemeint – und die war nicht vorhanden. Herr Spahn muss sich also ankreiden lassen, nicht rechtzeitig begonnen zu haben, Alarm zu schlagen, die Bundesländer zu sensibilisieren und einen Vorrat an Masken, Kitteln und Brillen anzulegen. Denn die Beschaffung von Schutzkleidung ist auch Sache der Bundesländer.

Ende 2012 legte das Robert-Koch-Institut eine Risikoanalyse vor. Am 3. Januar 2013 erschien sie als Bundestagsdrucksache 17/12051 unter dem Titel »Pandemie durch Virus Modi-SARS.«[17] Beteiligt waren diverse Bundesbehörden, darunter das Amt für Bevölkerungsschutz und Katastrophenhilfe. Bundesgesundheitsminister war in jenen Tagen der FDP-Politiker Daniel Bahr. Er verdient mittlerweile sein Geld im Konzernvorstand der Allianz Private Krankenversicherung – das passt irgendwie zu seinem alten Job in der Regierung. Ihm folgte für vier Jahre der CDU-Mann Hermann Gröhe, der den Staffelstab an Jens Spahn weiterreichte. Diese Herren scheinen die Ausführungen des Instituts nicht besonders interessiert zu haben. Offenbar haben sich aber auch die Gesundheitsminister der Länder nicht darum gekümmert. Das nenne ich kollektive Narkose.

Dabei lag das Robert-Koch-Institut damals schon sehr nah an dem Szenario, das Deutschland 2020 real erlebte. Die Analyse beruht auf einem »neu auftretenden Erreger«, einem Coronavirus. Konkret heißt es darin: »Das hypothetische Modi-SARS-Virus ist mit dem natürlichen SARS-CoV in fast allen Eigenschaften identisch. Die Inkubationszeit, also die Zeit von der Übertragung des Virus auf einen Menschen bis zu den ersten Symptomen der Erkrankung, beträgt meist drei bis fünf Tage, kann sich aber in einem Zeitraum von zwei bis 14 Tagen bewegen.« Das war ein Volltreffer. Auch bei den Auswirkungen der Krankheit lagen die Wissenschaftler ziemlich gut: »Die Symptome sind Fieber und trockener Husten, die Mehrzahl der Patienten hat Atemnot, in Röntgenaufnahmen sichtbare Veränderungen in der Lunge, Schüttelfrost, Übelkeit und Muskelschmerzen. Ebenfalls auftreten können Durchfall, Kopfschmerzen, Exanthem (Ausschlag), Schwindelgefühl, Krämpfe und Appetitlosigkeit.«

Allerdings war die Sterblichkeitsrate – gemessen am echten Coronavirus – mit zehn Prozent zu hoch gegriffen, wobei die Prognosen für einzelne Altersgruppen wiederum mit der Realität weitgehend übereinstimmten. »Die Letalität ist mit 10 % der Erkrankten hoch, jedoch in verschiedenen Altersgruppen unterschiedlich stark ausgeprägt. Kinder und Jugendliche haben in der Regel leichtere Krankheitsverläufe mit Letalität von rund 1 %, während die Letalität bei über 65-Jährigen bei 50 % liegt. Die Dauer der Erkrankung unterscheidet sich ebenfalls in Abhängigkeit vom Alter der Patienten; jüngere Patienten haben die Infektion oft schon nach einer Woche überwunden, während schwerer erkrankte, ältere Patienten rund drei Wochen im Krankenhaus versorgt werden müssen«, in ganz schlimmen Fällen »bis zu 60 Tage«.

»Der natürlich vorkommende Erreger kann erst von Mensch zu Mensch übertragen werden, wenn eine Person bereits deutliche Krankheitssymptome zeigt.« Das ist beim tatsächlichen Coronavirus anders gewesen. Infizierte ohne Symptome konnten andere Menschen sehr wohl anstecken. An anderer Stelle lagen die Wissenschaftler wiederum nah an der Realität: »Die Infektionskrankheit breitet sich sporadisch und in Clustern aus. Eine Übertragung findet insbesondere über Haushaltskontakte und im Krankenhausumfeld, aber auch in öffentlichen Transportmitteln, am Arbeitsplatz und in der Freizeit statt.« Weiter hieß es: »Zur Behandlung stehen keine Medikamente zur Verfügung, sodass nur symptomatisch behandelt werden kann. Ein Impfstoff steht ebenfalls für die ersten drei Jahre nicht zur Verfügung.«

Deshalb schlugen die Wissenschaftler schon im Jahr 2012 als Schutz- und Gegenmaßnahmen Quarantäne für Infizierte und Kontaktpersonen, persönliche und öffentliche Hygienemaßnahmen, die Behandlung hochinfektiöser Patienten in Isolierstationen, Schulschließungen und Absagen von Großveranstaltungen vor. Empfohlen wurde aber auch der »Einsatz von Schutzausrüstung wie Schutzmasken, Schutzbrillen und Handschuhen«.

Wenn sich also die Gesundheitsministerien von Bund und

Ländern die Risikobewertung zu Herzen genommen hätten, wäre die Not nicht so groß gewesen. Deutschland hätte einen Vorrat an Schutzkleidung anlegen können. Der hätte garantiert nicht gereicht, um sämtliche Krankenhäuser, Pflegeheime und Arztpraxen sowie die Polizei und Feuerwehren mit Schutzmasken auszustatten. Aber er hätte Zeit verschafft, Schutzkleidung zu besorgen, was zur Beruhigung der Lage in den Kliniken beigetragen hätte. Jedenfalls hätten dann nicht Kliniken die Bevölkerung um Regenmäntel anbetteln müssen. Von Beatmungsgeräten will ich hier gar nicht erst anfangen.

Spahns Ministerium wehrte sich mit der Behauptung, »frühzeitig gemeinsam mit allen Akteuren des Gesundheitswesens Maßnahmen ergriffen« zu haben, »um für ausreichende Schutzausrüstung zu sorgen«. In dem Fall war »frühzeitig« leider zu spät. Zu was hat Deutschland ein Bundesamt für Bevölkerungsschutz und Katastrophenhilfe? Warum haben die Länder ebenfalls gepennt?

Aber selbst Anfang Februar, als es in China schon sehr viele Tote gab, setzte Herr Spahn die Besorgungsspirale nicht in Gang. Damals wäre es sicher noch leichter und billiger gewesen, Schutzkleidung zu kaufen. »Der Spiegel« deckte auf, dass Achim Theiler, Geschäftsführer des Unternehmens Franz Mensch, das Schutzkleidung für Krankenhäuser und Arztpraxen herstellt und ausländische Masken in Deutschland verkauft, vor drohendem Mangel an Masken und anderer Schutzkleidung warnte. Herr Theiler schrieb am 5. und 10. Februar zwei Mails an den Minister und appellierte an ihn: »Unterschätzen Sie die Problematik dieses Virus nicht.«[18]

Aber Spahn ignorierte den Rat. Ich kann mir wunderbar vorstellen, dass ein Bundesministerium jeden Tag viele Mails kriegt, teilweise mit unsinnigem Inhalt. Ich glaube aber nicht, dass der Geschäftsführer Quatsch geschrieben hat und total inkompetent wirkte. Trotzdem reagierte kein einziger der mehr als 700 Mitarbeiter des Ministers. Ich frage mich, was all die Beamten den ganzen Tag tun. Das war ja noch, bevor das Coronavirus Deutschland heimsuchte und Krisenpläne geschmiedet werden mussten.

Jens Spahn berichtete am 24. März in der ZDF-Sendung »Markus Lanz« von seiner glorreichen Jagd rund um den Globus nach Schutzmasken. Er konkurriere mit Dutzenden anderen Ländern. Klar, er war ja auch spät dran. Zu den Warnungen von Geschäftsführer Theiler sagte er: »Ich bekomme jeden Tag sehr viele Mails mit den unterschiedlichsten Hinweisen. Wir nehmen auch sehr viel davon wahr. Aber wir schaffen es nicht, das muss ich auch ehrlich sagen, die immer zeitnah zu bearbeiten.« Ich vermute: Das Ministerium hatte sie nicht zeitnah, sondern gar nicht bearbeitet. Aber immerhin war es der Versuch, einmal die Hosen runterzulassen und ehrlich zu sein.

Bei den deutschen Hausärztinnen und -ärzten blieb es nicht bei einem Versuch, sie taten es und posierten nackt auf Fotos, die sie aus Protest gegen den Minister in sozialen Medien veröffentlichten. Auch er richtete sich gegen den eklatanten Mangel an Schutzkleidung. Die Bilder, auf denen nur die Intimbereiche verdeckt waren, sollten symbolisieren: Ohne Schutz sind wir verletzlich. Die Mediziner folgten dem Beispiel ihres französischen Kollegen Alain Colombié. Er hatte auf Facebook zwei Fotos von sich hochgeladen, die ihn nackt auf einem Drehstuhl in seinem Behandlungszimmer zeigten. Er trug lediglich ein Stethoskop um den Hals sowie eine Kopf- und Armbinde mit der Aufschrift »chair a canon«, also Kanonenfutter. Colombié gab Emmanuel Macron, der von »Krieg« gegen das Virus gesprochen hatte, die Schuld für fehlende Schutzkleidung und Desinfektionsmittel. Er schrieb zu den Fotos, der Staatspräsident verlange von Ärzten, »in demselben Aufzug in die Schlacht zu ziehen, den ich auf dem Foto trage«.

Der Protest der deutschen Hausärzte wandte sich auch gegen eine unüberlegte Entscheidung von Herrn Spahn, die die Mediziner in Rage versetzte. Anfang März war richtigerweise beschlossen worden, dass Arbeitnehmer mit leichten Atemwegsinfekten für eine Krankschreibung nicht in eine Praxis mussten, es reichte ein Telefonat mit dem Arzt. Mitte April wurde die Regelung abgeschafft. Die Hausärzte waren empört. Denn das bedeutete, dass potenziell Coronavirus-Infizierte bei ihnen aufschlagen und in einem Wartezimmer sitzen sollten, in dem Menschen mit Diabetes oder Herzerkrankung saßen. Auch hier musste ich mir wieder an den Kopf fassen: Einerseits all die Bemühungen, das Virus in den Griff zu kriegen. Andererseits der seltsame Leichtsinn wie bei den Quarantäneausnahmen für Klinikpersonal. Außerdem hätten die Hausärzte ihre knappe Schutzkleidung für Patienten verbraucht, die vielleicht eine banale Erkältung oder leichte Grippe hatten. Ihr Zorn war also überaus verständlich. Wir saßen im selben Boot.

Die Empörung zeigte Wirkung. Der Anti-Gesundheitsminister kaufte für Hunderte Millionen Euro Schutzkleidung.

In der »Zeit« gestand er: »Hätten wir früher Masken kaufen sollen? Ja! Hab ich mich aktiv dagegen entschieden, Masken zu kaufen, nein!« Es habe bei dem Thema an Problembewusstsein gefehlt. »Im Nachhinein ist man schlauer.«[19]

Stimmt. Aber unter Selbstkritik verstehe ich etwas anderes.

9

»BETTYS FEHLDIAGNOSE«

Es ist nicht so, dass wir Krankenschwestern bei der Arbeit gar nichts zu lachen hätten. Als ich in einem Krankenhaus arbeitete, das sich gerade auf die Corona-Welle vorbereitete, hatte ich einen Lachanfall. Eine Kollegin kam aus dem Zimmer einer Patientin und schüttelte empört den Kopf, musste zugleich aber auch grinsen. »Alles Blödsinn«, sagte sie, als sie meinen verwunderten Blick bemerkte. Ich dachte spontan an etwas, das die Patientin gesagt oder gemacht haben könnte. Meine Kollegin klärte mich auf: »Da drinnen läuft gerade eine dieser Krankenhausserien«, erklärte sie mir und wiederholte: »Alles Blödsinn.«

Wir kamen ins Gespräch über die beliebten Serien in ARD, ZDF, Sat.1 und RTL wie »In aller Freundschaft«, »Bettys Diagnose« oder »Nachtschwestern«. Meine Kollegin beklagte die Realitätsferne der Filme – und mir blieb nichts anderes übrig, als ihr zuzustimmen, zumindest was das deutsche Fernsehen angeht. Ich fragte sie: »Aber glaubst du denn, die Leute würden sich die Folgen anschauen, wenn man eine Krankenschwester zeigen würde, die gerade einem Patienten den Arsch abwischt?« Wir mussten beide lachen. Die Kollegin schimpfte über die uralte Sat.1-Serie »Für alle Fälle Stefanie«: »Ich hasse sie bis heute. Dort sah man immer nur, wie die gute Stefanie Kaffee trinkend auf Station sitzt und manchmal sogar zu den Patienten nach Hause gefahren ist. Deswegen denken die Leute immer noch, dass wir nur rumsitzen und Kaffee trinken.« Ich lachte wieder und stimmte ihr abermals zu.

Ich war froh, dass sich endlich eine Kollegin genauso über die Serien aufregte wie ich mich. Mit dem Klinikalltag, so wie wir ihn kennen, haben sie nämlich nichts zu tun. Außer, dass es Ärzte, Krankenschwestern, Pfleger, Patienten, OP-Säle und Diagnosen gibt. Sonst nichts. Null. Nada. Nothing. Würden die Krankenhausserien sich auch nur halbwegs an der Realität orientieren, wäre die Einschaltquote vermutlich verschwindend gering. Wer will schon dabei zugucken, wenn eine Krankenschwester sich nachts anstrengt, um einen übergewichtigen Herrn zu drehen, damit er sich nicht wundliegt?

Die TV-Serien sind so weit von der Realität entfernt wie die Erde vom Mars. Im Fernsehen mögen die Deutschen ihre heile Welt – und je heiler die Welt, desto schlechter darf wohl auch das Drehbuch sein. Ich halte es keine fünf Minuten aus, wenn die Fernsehschwestern hübsch geschminkt und in makellosen Kitteln vor – gefühlt wöchentlich – frisch gestrichenen Wänden über den Bildschirm flimmern, ihre familiären oder Beziehungsprobleme lösen und die ihrer Patienten gleich mit oder sich ans Bett setzen und mit Kranken tiefschürfende Gespräche über Gott und die Welt führen, und nebenbei ihre Arbeit auch noch freudestrahlend erledigen, mit dem Oberarzt flirten, und nie über Stress und Überstunden klagen. Lande ich zufällig in einer Folge von »Bettys Diagnose«, muss ich lachen, wobei mir das Lachen oft im Halse stecken bleibt. Um ehrlich zu sein, fühle ich mich durch diese Serien als echte Krankenschwester manchmal sogar ein bisschen verarscht, auch wenn ich natürlich weiß, dass dies in keinster Weise die Absicht der Serienmacher und Schauspieler ist.

Ich kann mir gut vorstellen, dass sich viele Polizisten im Land darüber ärgern, wie ihre Kollegen im »Tatort« dargestellt werden. Lauter Ermittler mit psychischen Problemen und einem desolaten Privatleben. Kaputte, aber rechtschaffene Typen. Mich regt es auf, dass Krankenhausserien ein völlig verzerrtes Bild der Krankenschwester und ihres Berufsalltags vermitteln. Ich erlebe es gar nicht mal selten, dass Patienten ins Schwesternzimmer kommen, in dem ich nach stundenlanger Hektik gerade eine Pause mache, die mir rechtlich zusteht, und etwas Belangloses oder eine Beschwerde loswerden wollen. Wenn ich dann nicht gefälligst sofort den Kaffee oder mein Essen stehen lasse und loslege, sind sie sauer. Bitte ich um etwas Geduld, muss ich mir tatsächlich anhören, dass ich doch wohl kaum fürs Rumsitzen bezahlt werde. Nein, garantiert nicht.

Ich kann gar nicht beschreiben, wie ich mich in solchen Fällen fühle. Ich schweige immer. Denn ich weiß nicht einmal, ob ich es den Leuten verübeln kann oder nicht. Irgendwie habe ich Verständnis, weil ein Krankenhaus nun mal kein Ort ist, an dem man sich als Patient gerne aufhält. Sicher beruhigt es viele, wenn sie das Gefühl haben, dass wir Schwestern ständig für sie da sind. Es ist ja letzten Endes auch so. Ich kann mir jedenfalls gut vorstellen, dass die Serien bei Patienten und deren Familienangehörigen in Bezug auf ihren Krankenhausaufenthalt insgesamt zu einer Erwartungshaltung beitragen, die wir Schwestern und Ärzte längst nicht immer erfüllen können. Damit meine ich nicht nur ausbleibende Wunderheilungen.

Forscher haben Hinweise gefunden, dass es sich wirklich so verhält. Eine Anfang 2018 veröffentlichte, wissenschaftliche Untersuchung am St. Joseph's Hospital and Medical Center in Phoenix im US-Bundesstaat Arizona kam jedenfalls zu diesem Schluss. Zwei Unfallärzte und eine Krankenschwester sahen sich alle 269 Folgen der ersten zwölf Staffeln von »Grey's Anatomy« an. Für die »Unfallopfer« in den TV-Episoden gab es meistens nur hopp oder top: Entweder sie starben oder blieben relativ kurze Zeit im Krankenhaus, bevor sie nach einer merkwürdig schnellen Genesung direkt nach Hause entlassen wurden. 22 Prozent der Trauma-Patienten in »Grey's Anatomy« überlebten nicht, in der Wirklichkeit des St. Joseph's Hospital waren es sieben Prozent. In der bitteren Realität stehen viele Unfallopfer vor einem wochenlangen, mühsamen Weg zur Genesung, bevor sie nach Hause zurückkehren und eine Reha angehen können.

Ungeachtet der hohen fiktiven Todesrate lautete das Ergebnis der Forschungsarbeit: Die Serie erzeugt Erwartungen bei Patienten, die Ärzte und Krankenschwestern nicht erfüllen können, was sowohl bei den Erkrankten als auch dem Klinikpersonal zu Frustration und Enttäuschung führte.[20] Zwar werden in »Grey's Anatomy« andauernd wahre medizinische Wunder vollbracht und Tote zum Leben erweckt – man kann ohne entsprechendes Wissen erahnen, dass es da nicht mit rechten Dingen zugeht. Aber warum sollten »Bettys Diagnose« und »Die jungen Ärzte«, in denen der Tod ein extrem seltener Gast ist, nicht eine ähnliche Wirkung auf die Erwartungshaltung potenzieller Patienten haben?

Ich bin sogar ziemlich sicher, dass die TV-Serien beim unbedarften Zuschauer den Eindruck hinterlassen, dass Krankenschwestern, Pfleger und Mediziner aller Fachrichtungen eine unbegrenzte Zeit für ihre Patienten haben, deren Schicksal ihnen alles bedeutet und so sehr am Herzen liegt, dass sie ihr Privatleben für sie opfern. In Wahrheit dauert die Visite in einem Vierbettzimmer maximal fünf Minuten. Oft ist der Doktor schon wieder verschwunden, bevor die Bettlägerigen ihren Mund aufmachen können, um eine Frage zu stellen.

Eine US-Serie kommt der Wahrheit schon einen Tick näher: »Nurse Jackie«. Es geht um eine Krankenschwester, die in einer Notaufnahme des fiktiven »All Saint's Hospitals« in New York arbeitet. Jackie Peyton ist um die 50, zweifache Mutter, manchmal freundlich, manchmal garstig, führt eine schwierige Ehe und muss gleichzeitig den hektischen Arbeitsalltag im Krankenhaus bewältigen. Ihr Privatleben bleibt weitgehend auf der Strecke. Da sie ständig für Kollegen einspringt, verpasst sie wichtige Momente im Leben ihrer Kinder. Jackie stellt sich mit großer Willenskraft den täglichen Herausforderungen, kokst und wirft sich Oxycodon ein, ein Schmerzmittel mit hohem Suchtpotenzial. In den USA ist die Einnahme opioidhaltiger Medikamente ein riesiges Problem. Hunderttausende sind abhängig von dem Zeug.

Auch die Serie entspricht bestimmt – und hoffentlich – nicht zu 100 Prozent der Realität amerikanischer Krankenschwestern, auch wenn ich weiß, dass ihr Job mindestens genauso hart ist wie bei uns in Deutschland. Der Job ist überall auf der Welt hart. Aber während der Realitätsgehalt in »Bettys Diagnose« oder »Nachtschwestern« verschwindend gering ist, habe ich mit Jackie oft mitgefiebert und -gelitten. Im Gegensatz zu den deutschen Serienkrankenschwestern konnte ich mich mit ihr identifizieren, sie wuchs mir ans Herz.

10

MEIN RECHT DARAUF, DINGE AUCH KRITISCH ZU SEHEN

Selbst bei der Bewertung der Kommunikation mit der Öffentlichkeit im Falle einer Pandemie lag das Robert-Koch-Institut in seiner Risikoanalyse von 2012 richtig. »Es ist von einer vielstimmigen Bewertung des Ereignisses auszugehen, die nicht widerspruchsfrei ist. Dementsprechend ist mit Verunsicherung der Bevölkerung zu rechnen«, prognostizierten die Wissenschaftler, als hätten sie damals das Frühjahr 2020 vor Augen gehabt. Sogar die Kakophonie unter Politikern, Wissenschaftlern und in den Medien wurde richtig eingeschätzt: »Es ist anzunehmen, dass die Krisenkommunikation nicht durchgängig angemessen gut gelingt. So können beispielsweise widersprüchliche Aussagen von verschiedenen Behörden/Autoritäten die Vertrauensbildung und Umsetzung der erforderlichen Maßnahmen erschweren. Nur wenn die Bevölkerung von der Sinnhaftigkeit von Maßnahmen (z. B. Quarantäne) überzeugt ist, werden sich diese umsetzen lassen.«

In einer Fußnote dazu stand unter anderem: »Es ist generell kritisch, einen positiven Informationsfluss aufrechtzuerhalten. Ohne diesen kann es z. B. zu größeren Unsicherheiten, zur frühzeitigen Aufhebung von Schutzmaßnahmen im persönlichen Umfeld und somit zu neuen Ausbrüchen kommen.

Für die Akzeptanz der kommunizierten Botschaften ist essenziell, dass die Behörden ›auf Augenhöhe‹ mit der Bevölkerung kommunizieren.« Daher lautete der Rat des Instituts an die Politik, den Bürger nicht als »Befehlsempfänger«, sondern als »Partner« zu betrachten.[21]

Ich war Partner, kam mir aber – beruflich und privat – auch wie ein Befehlsempfänger vor. Ich verspürte wochenlang ein Gefühl der Machtlosigkeit wegen all der Maßnahmen, die zum Schutz der Bevölkerung ergriffen wurden. 2019 feierte Deutschland »70 Jahre Grundgesetz«. Bundespräsident Frank-Walter Steinmeier sagte aus diesem Anlass: »In einer Zeit, in der auch bei uns in Europa demokratische Institutionen wieder in Zweifel gezogen werden, in der gewählte Regierungen die Freiheit der Meinung und die richterliche Unabhängigkeit einschränken, in einer solchen Zeit haben viele Menschen in unserem Land das Bedürfnis, für das Grundgesetz einzustehen und für unsere Grundordnung auch wieder zu streiten.«[22]
Er sprach mir aus der Seele. Ich fürchte aber, dass die Institutionen eine Mitschuld an dem Zustand tragen. Das zeigte sich auch in der Corona-Krise. Angela Merkel und andere Politiker hätten nicht nur um Verständnis bitten, sondern auch besser erklären sollen, warum sie die Freiheitsrechte vorübergehend einschränkten. Dann wäre bei vielen Leuten, auch bei mir, nicht das Gefühl entstanden, dass die Demokratie angekratzt wurde. Das Robert-Koch-Institut betonte im Mai in der Lockerungsdebatte mehrfach: »Das Virus ist nicht weg.«[23] Warum stellte es dann seine regelmäßigen Presseunterrichtungen ein? Gerade in jenen Tagen suchte doch ein anderes, viel gefährlicheres Virus Deutschland heim: Ver-

schwörungstheorien verbreiteten sich schneller als das Coronavirus. In der Phase waren Aufklärung und Argumente für das Handeln der Politik nötiger denn je. Auf mich wirkte der Verzicht des Instituts auf die Briefings wie ein Einknicken vor der Kritik an seiner Arbeit. Die aber muss eine Regierungsinstitution aushalten, zumal ihre Rolle bei der nächsten Pandemie, die bestimmt kommen wird, noch wichtiger sein wird.

In der »Süddeutschen Zeitung« las ich eine Kolumne von Heribert Prantl, die mir genauso aus dem Herzen sprach. Er stellte fest: »Noch nie in der Geschichte der Bundesrepublik sind sie so flächendeckend, so umfassend und so radikal eingeschränkt worden. Die Freiheiten der Bürgerinnen und Bürger werden, wegen Corona, auf vorerst unabsehbare Zeit in bisher unvorstellbarer Weise beschnitten und aufgehoben – ohne großen gesetzgeberischen Aufwand, mit einem Fingerschnippen der Exekutive quasi. Es wurde eine Stimmung geschaffen, in der sich Menschenrechte und Menschenleben gegenüberstehen und die amtlich verordnete Aussetzung von Menschen- und Bürgerrechten als Preis für die Rettung von Menschenleben gilt. Es gibt daher eine große, bestrafungsgestärkte Bereitschaft der Menschen, durch das Ertragen dieser Maßnahmen Solidarität zu zeigen mit den Risikogruppen.«[24]

Diese Meinung habe ich auch vertreten. Weil ich zudem manche Entscheidung der Regierung für übertrieben und überflüssig hielt und auf die hohen Zahlen von Todesopfern durch Krebs und Grippe verwies, wurde ich selbst von guten Bekannten als unsolidarisch und menschenverachtend kritisiert. Dabei hatte ich nie gesagt, dass das Coronavirus keine Gefahr für uns war. Im Gegenteil. Ich kannte die dramatischen Bilder aus Italien und die Zahlen der Infizierten und

Toten. Hätte es *uns* als erstes Land in Europa getroffen, hätte es uns schwerer erwischt. Mir ging es nur um eine vernünftige Einordnung und Bewertung. Die Grippe sehen wir als weitaus weniger schlimm an, weil sie längst zur Normalität geworden ist. Die Menschheit hat gelernt, mit der Krankheit zu leben und sich zu arrangieren, so wie wir nun schauen müssen, wie wir mit dem Coronavirus klarkommen.

Früher hat man diskutiert und debattiert, heute kriegt man gleich die Keule »Verschwörungstheoretiker« übergebraten, wenn man Dinge hinterfragt. Nein, verschwörungstheoretisch unterwegs bin ich garantiert nicht. Mit hanebüchenen Spekulationen, wonach angeblich Bill Gates hinter dem Coronavirus stecken soll und eine obskure »Weltregierung« mittels Impfungen allen Menschen zwecks Überwachung Chips einpflanzen wolle, habe ich nichts am Hut, der übrigens nicht aus Alu ist. Ich wäre niemals gemeinsam mit Neonazis gegen die Lockdown-Vorgaben auf die Straße gegangen.

Alles, was ich tat, war mir Gedanken zu machen, was mit unserer Demokratie in Zukunft passieren *könnte*, wenn die Regierung nicht oder nicht umfassend genug vom Bundestag kontrolliert würde und die Opposition, die ja auch einen Teil des Volkes vertritt, keine Chance mehr hätte, ihre Meinung zu verkünden. Das ist mein gutes Recht. Irgendwo las ich den klugen Satz: »Hektische Rechtsetzung in Krisenzeiten gefährdet den Rechtsstaat.«[25]

Mich nervten der Zwang und der Druck, der ausgeübt wurde. Der Berliner Senat ordnete an, dass sich alle Einwohner der Stadt »ständig in ihrer Wohnung« aufzuhalten hatten.[26] Bei Verstößen wurden Bußgelder angedroht. Plötzlich war auch wieder der Blockwart, der deutsche Aufpasser, da, der bei der Polizei anrief, wenn er vom Fenster aus »zu viele« Kinder beim Toben auf dem Spielplatz beobachtete oder er Autos mit Kennzeichen bemerkte, die nicht zu seinem Wohnort passten. Die Polizei verfuhr dankenswerterweise sehr großzügig, ich kenne niemanden, dem Geld abgeknöpft wurde, weil er die Anweisungen missachtete.

Ich hätte mich trotzdem gefreut, wenn die Regierungen von Bund und Ländern zunächst auf Freiwilligkeit gesetzt hätten statt auf Bußgelder und Drohungen. Mir fehlte es an Augenmaß. Die Politik hätte sich auf den Schutz der Hochrisikogruppen konzentrieren können und die anderen selbst entscheiden lassen, ob sie das Risiko eingehen wollen, sich anzustecken oder nicht. Es hätte genügt, Leute, die mit Corona-Infizierten in Kontakt waren, zwei Wochen in Quarantäne zu schicken. Das hätte bestimmt jeder verstanden. Stattdessen mussten alle daheimbleiben. Hat jemand mal die Alten und die Risikopatienten gefragt, ob sie das alles überhaupt wollten?

In England wurden die Senioren zu zwölf Wochen Isolation verdonnert. Keiner wollte von ihnen wissen, ob sie einverstanden waren. Der Opa meines Freundes regte sich darüber auf und war ganz unglücklich mit der Situation. Er ist mit seinen 85 Jahren ein einsamer Mann, seine Frau starb vor Jahren an Lungenkrebs. Sams Großvater liebt es rauszugehen und unter Menschen zu sein. Nun werden Sie vielleicht denken: Wie passt meine Kritik an der Isolation mit dem Schutz der Risikogruppen der Alten zusammen? Auch das hätte man den Familien selbst überlassen sollen. Sicher gab es viele Hochbetagte, die dachten: Jeder Monat, in dem ich meine Kinder nicht sehe, ist einer zu viel.

Jena führte als erste deutsche Stadt nach und nach die komplette Maskenpflicht ein. Ich fand das übertrieben. Mir hätte es gereicht, wenn der Zwang, Nase und Mund zu bedecken, nur für öffentliche Verkehrsmittel gegolten hätte, aber nicht für das gesamte öffentliche Leben. Sei es drum. Während das Robert-Koch-Institut bei der Maskenpflicht rumeierte, entschied Jena so, wie es für seine Bürger für richtig hielt. Erstaunlich fand ich die Erklärung von Oberbürgermeister Thomas Nitzsche, die zeigte, dass er nicht auf das Robert-Koch-Institut wartete und damit besser fuhr: In einem Interview sagte er: »Wir haben sehr früh und konsequent damit begonnen, das Coronavirus in seiner Ausbreitung zu bremsen. Wir haben Städte und Landstriche im Ausland als Hochrisikogebiete betrachtet, viele Tage bevor das Robert-Koch-Institut die Areale als solche offiziell eingestuft hat. Fast immer lagen wir richtig.«

Noch immer begreife ich nicht, warum ein Masken-Hersteller an den Gesundheitsminister schrieb und empfahl, einen Vorrat an Schutzkleidung für medizinisches Personal anzulegen, aber das Institut, das die Regierung berät, stillhielt, Verwirrung in der Debatte über das Tragen von Masken stiftete und die Gefährlichkeit des Coronavirus erst am 17. März als »hoch« einstufte. Erst sah es wochenlang beschwichtigend zu – und dann konnten die Schutzmaßnahmen nicht hart genug sein. Deshalb muss die Frage gestattet sein: Was genau tut das Institut? Macht es Wissenschaft oder Politik? Immerhin gestand sein Chef Lothar Wieler später ehrlich ein, die

Corona-Krise »hat ein Ausmaß, das ich mir selbst nie hätte vorstellen können«. Wie gesagt: Hinterher sind wir alle schlauer. Ich hoffe, dass das Institut aus seinen Fehlern und der Pandemie lernt und ganz im Sinne von Bundespräsident Steinmeier künftig dazu beiträgt, demokratische Institutionen vor Zweifeln und Anfeindungen zu schützen.

Am 5. April veröffentlichten sechs Experten aus unterschiedlichen Bereichen des Gesundheitswesens eine Stellungnahme, die andere Möglichkeiten aufzeigte. Erarbeitet hatten sie vier Professoren, der Chef des Lobby-Verbandes der betrieblichen Krankenkassen, Franz Knieps, und die ehemalige Pflegedirektorin der Charité, Hedwig François-Kettner, die viele Jahre Vorsitzende des Aktionsbündnisses Patientensicherheit war. Sie schrieben: »Die allgemeinen Präventionsmaßnahmen, zum Beispiel das social distancing, sind theoretisch schlecht abgesichert, ihre Wirksamkeit ist beschränkt und zudem paradox (je wirksamer, desto größer ist die Gefahr einer ›zweiten Welle‹) und sie sind hinsichtlich ihrer Kollateralschäden nicht effizient.« Die staatliche Anti-Corona-Strategie sollte stärker auf die besonders gefährdeten Menschen gerichtet werden.[27]

Anfang Mai legten die sechs Fachleute mit einem weiteren Thesenpapier nach. Sie bezeichneten Covid-19 als »typische Infektionskrankheit«, die aus ihrer Sicht keinen Anlass bot, in »quasi metaphysischer Überhöhung alle Regeln, alles Gemeinsame, alles Soziale in Frage zu stellen oder sogar außer Kraft zu setzen«. Sie betonten: »Es gibt deutliche Anhaltspunkte für die Annahme, dass die einfachen Maßnahmen wie Verbot von Großveranstaltungen bereits ausgereicht hätten.«

Sie hätten sich mehr Fantasie und Einfallsreichtum beim Schutz der Bevölkerung gewünscht, »als dies durch den mechanistischen Reflex zu ›Kontaktsperren‹ und ›sozialer Isolation‹ reflektiert wird«.[28]

Ich befürchte, wir werden vermutlich nie wissen, ob es das alles wert war. Aber mein Recht, Dinge auch in Frage stellen zu dürfen, möchte ich mir nicht nehmen lassen.

11

WIR SIND UNBEZAHLBAR, HABEN ABER MEHR VERDIENT

Ich mache meinen Job gern – und kann dies gar nicht oft genug sagen. Sobald ich mein Schwestern-Outfit anhabe, über die Flure laufe und dabei den typischen Krankenhausgeruch wahrnehme, bin ich in meinem Element und freue mich auf die Patienten. Beim Waschen nutze ich oft die Zeit, etwas mit ihnen zu plaudern. Die meisten Patienten freuen sich, wenn jemand mal ein Ohr für sie hat. Sie sind dankbar, nicht einfach als Kranke, sondern als Menschen wahrgenommen zu werden. Manche sprechen mit mir nur über ihre Krankheit, manche erzählen aber auch aus ihrem Leben, mitunter sehr private Dinge, die mir zeigen, dass sie mich als Vertrauensperson sehen. Die kurzen Unterhaltungen tun auch mir gut. Sie sind wichtig, weil sie mich davon abhalten, mich nur als ein kleines Rad im Getriebe zu fühlen oder gar zur Waschmaschine zu mutieren.

Kleine Aufmunterungen tun Patienten gut. »Das läuft doch heute schon viel besser«, sage ich dann. Oder: »Schön, dass es endlich aufwärts geht.« Viele freuen sich über den Zuspruch. Positives Feedback motiviert, wieder gesund zu werden. Das sollten auch Angehörige beherzigen und ihre Lieben so oft besuchen, wie es ihnen möglich ist. Manchmal ist es verdammt traurig zu erleben, wenn am Krankenbett alter Menschen, die ihr Leben lang für andere da waren, die ganze Woche kein einziges Familienmitglied und kein einziger Freund oder Bekannter erscheint. Das geht an die Nieren – auch mir. Das Gefühl, allein auf der Welt und dann auch noch in einem Krankenhaus zu sein, kann aufs Gemüt schlagen. Oft erlebe ich aber auch das Gegenteil: Kinder, die jeden Tag stundenlang bei ihren Müttern und Vätern sitzen, sich extra Urlaub nehmen, um bei ihnen sein zu können, vielleicht ein allerletztes Mal.

Wenn ich es verantworten kann, sage ich zu den Patienten gerne Sätze wie: »Morgen sieht die Welt schon anders aus« oder: »Wird schon wieder, nur Geduld.« Habe ich kein gutes Gefühl, verbiete ich mir jedes Wird-schon-wieder-Gerede. Da habe ich einfach schon zu viele böse Überraschungen erlebt. Auch Rückschläge gehören zum Klinikalltag, und man muss versuchen, sie nicht zu sehr an sich ranzulassen. Sonst würde ich ständig auf Arbeit heulen oder durchdrehen oder beides zusammen. Es ist für mich selbst nach all den Berufsjahren brutal, Menschen zu erleben, die verzweifelt weinen, weil ein Elternteil, ein naher Verwandter oder guter Freund soeben die Welt für immer verlassen hat. Wir Krankenschwestern können Sterbenden helfen, sanft zu entschlafen. Dem Schmerz der Angehörigen können wir allenfalls mit einem verständnisvollen Blick begegnen – lindern können wir ihn nicht.

Sosehr ich meinen Job mag, sosehr schlaucht er aber auch. Dass ich dies immer wieder betone, hat nichts mit der Lieblingsbeschäftigung vieler Deutscher zu tun: Jammern auf hohem Niveau. In einer Schicht 20 bis 40 Patienten zwei Mal zu wenden, geht auf die Knochen. Die Kolleginnen und Kollegen auf den Intensivstationen müssen ständig die Geräte im Blick haben, immerzu auf der Hut sein und erahnen oder spüren, wie sie helfen können – denn dort sind Bettlägerige oft nicht in der Lage, die Klingel zu bedienen. Sie sind so schwach, dass sie nicht reden und sich maximal mit kleinen Zeichen wie Zwinkern oder kurzem Fingerdruck verständigen können. Ich habe vor all meinen Kolleginnen und Kollegen Respekt, vor den Intensivschwestern und -pflegern aber ganz besonders.

Der Stress in Endlosschleife geht auf Physis und Psyche. Leidet der Körper, leidet der Geist. Und umgekehrt. Krankenpfleger werden selbst häufig und lange krank. Die Techniker Krankenkasse legt einmal im Jahr einen Gesundheitsreport vor, der das belegt. Mitarbeiter der Kranken- und Altenpflege fehlen im Jahresdurchschnitt knapp 23 Tage, weil sie Grippe, Bandscheibenvorfälle oder seelische Wunden auskurieren. Beschäftigte der anderen Berufsgruppen kommen auf 15 Tage. Waren es früher vor allem körperliche Schäden, die Krankenschwestern und Altenpfleger zu Ruhepausen zwangen, sind es inzwischen psychische Störungen, die sie außer Gefecht setzen.[29] Da wird es niemanden wundern, dass die wenigsten bis zur Rente in dem Job durchhalten.

Obwohl die Zustände seit Jahren bekannt sind, interessierte sich niemand für uns und unsere Misere. Wir Krankenschwestern können nicht streiken und wie Piloten Flugzeuge am Boden oder wie Lokführer Züge auf Gleisen stehen lassen, damit die »Tagesschau« wochenlang über unsere Forderungen berichtet. Wir haben es mit Menschen zu tun – und wenn doch mit Maschinen, dann mit Beatmungsgeräten und anderer Technik, von der Leben abhängt. Eine Kollegin schrieb mir: »Wir brauchen eine eigene Pflegegewerkschaft! Aber viele Pflegende schimpfen nur über die Umstände und machen einfach weiter wie gewohnt. Ich würde gerne etwas tun … Aufstehen, rebellieren. Hast du eine Idee, wie man etwas auf die Beine stellen könnte?«

Nein, habe ich leider nicht. Vielleicht bringt mein Buch etwas in Bewegung. Online-Petitionen erzeugen einen Tag Aufmerksamkeit und dann ruht der See wieder in gewohnter Stille. Würden wir komplett die Arbeit niederlegen, wären Tausende in Gefahr und Zehntausende in unangenehmen Lagen. Wer würde der inkontinenten Frau Müller die Windeln wechseln? Wer würde Herrn Schulze wenden, damit sein Dekubitus endlich heilt? Wer würde die Medikamente reichen und die Vitalzeichen beobachten? Mit einem Streik würden wir es garantiert in die Nachrichten schaffen. Aber der Preis wäre viel zu hoch. Wir würden niemals alles stehen und liegen lassen, um für mehr Geld oder bessere Arbeitsbedingungen zu kämpfen.

In meiner Wutbotschaft auf Facebook polterte ich, dass eigentlich alle Pflegekräfte sofort kündigen müssten, damit unsere Anliegen nicht in Vergessenheit geraten. Viele Leute, die nicht im Gesundheitswesen arbeiten, fragten mich, warum wir unser Schicksal nicht in die eigene Hand nehmen würden. Einige wenige drehten den Spieß um und warfen mir vor, die Corona-Notlage für eigene Zwecke auszunutzen – eine Unverschämtheit nah an der moralischen Erpressung: Wenn ihr jetzt streikt, seid ihr Unmenschen, die Covid-19-Patients im Stich lassen. Vermutlich steckte Angst dahinter, dass wir wirklich nach Hause gehen könnten.

Nein! Wir lassen niemanden im Stich. Das gehört mit zu unserem Dilemma: Wir sind immer für andere da – und das mit Vergnügen, obwohl der vergnügliche Faktor unserer Arbeit überschaubar ist. Aber wir können auch gar nicht anders. Wir müssen eben auch »da sein«, wir haben schon aus ethischen Gründen gar keine andere Wahl. Bei einem Streik bliebe mindestens ein Notbetrieb aufrechterhalten. Aber wenn ich ehrlich bin, muss ich sagen: eine Art Notbetrieb erleben Krankenhäuser zwischen Stralsund und Stuttgart jeden Tag.

Interessiert das die Öffentlichkeit? Nein. Nur wenn wirklich etwas Schlimmes passiert wie bei der Tragödie im baden-württembergischen Göppingen im September 2018, als eine Intensivschwester in der Nachtschicht mehreren Patients versehentlich falsche Medikamente verabreichte: Statt einer Kochsalzlösung mit einem Schmerzmittel gab sie ein lokales Betäubungsmittel. Zwei starben, drei kamen mit dem Schrecken davon. Die Kollegin erlitt am nächsten Morgen einen Nervenzusammenbruch. Ich kann nur hoffen, dass sie den Albtraum verarbeitet hat. Der Fall landete vor Gericht. Die Staatsanwaltschaft bescheinigte der Schwester eine »erhebliche Arbeitsbelastung« mit hohem Zeitdruck. Weil sie aber »die erforderliche Sorgfalt« bei der Medikamentenabgabe vermissen ließ, erhielt sie eine Freiheitsstrafe von einem Jahr auf Bewährung. Damals zeigten sich viele Kolleginnen und Kollegen solidarisch: Denn jeder wusste, was eine Nachtschicht der Intensivstation bedeutet und dass die Sorgfalt natürlich unter der Belastung leiden kann. Nicht die Kollegin hatte versagt, sondern das System.

Es mag wie ein Wunder wirken, dass solche Dramen eine absolute Seltenheit sind und hoffentlich auch bleiben werden. Denn die Gefahr einer Wiederholung besteht tatsächlich jeden Tag. Mich wundert es trotzdem nicht, dass jeden Tag und jede Nacht alles gut geht. Wir Krankenschwestern und Pfleger sind sehr diszipliniert und aufmerksam. Wir haben eine hohe Verantwortung gegenüber unseren Patienten und nehmen sie rund um die Uhr wahr. Das gilt umso mehr für die Medikamentenzuteilung. Ich erlebe es immer wieder, dass wir unsere Mittagspause, die eigentlich dreißig Minuten dauern müsste, frühzeitig abbrechen, damit wir unserer Sorgfaltspflicht nachkommen.

Im April 2020 arbeitete ich die Osterfeiertage komplett durch. Die Station war froh, dass ich als Leasingkraft den personellen Lückenfüller gab. Noch immer fehlte es an Schutzausrüstung, Kolleginnen trugen zum Teil selbstgenähte Masken aus Stoff. Ich benutzte weiterhin eine einzige pro Tag, damit den Intensivstationen der Vorrat nicht ausging. Ich stand wie immer täglich 4 Uhr 30 auf und fuhr zur Frühschicht, die um 6 Uhr begann. Zu spät zu kommen ist in meinem Job eine Todsünde. Ich starte immer lieber einen Tick früher. Der Zeitpuffer gibt Sicherheit, dass die Übergabe pünktlich erfolgt. Es ist wichtig, dass auf der Station zu Dienstbeginn Klarheit über die personelle Stärke besteht und die Kolleginnen, die ihre Schicht gerade beendet haben, schnell nach Hause können.

Bei der Übergabe wird über Neuaufnahmen, mögliche Vorkommnisse während der vergangenen Schicht, den Zustand der Patienten und Organisatorisches gesprochen. Manchmal geht es auch um »menschliche« Dinge wie zum Beispiel, dass eine Patientin zunehmend apathisch oder ein bisher ruhiger Patient panisch wirkt. Einige Kollegen halten die Übergaben für »Schwafelrunden«, die nur Zeit kosten. Manchmal ziehen sie sich tatsächlich wie Kaugummi. Ich finde sie trotzdem unverzichtbar. Ich will und muss wissen, auf was ich bei dieser Patientin oder jenem Patienten achtzugeben habe. Sonst kann ich meinen Job nicht richtig machen.

Nerviger sind die Dokumentationspflichten, die in den vergangenen Jahren deutlich zugenommen haben. Käme eine Fee auf Arbeit vorbei, würde ich mir eine Sekretärin wünschen, die für mich den Schreibkram übernimmt. Keine Frage, das Notieren, was mit einem Patienten konkret gemacht wurde und wie sein Zustand war, ist wichtig. Allerdings führt die Dokumentationspflicht dazu, dass die Spalten des Patientenbogens voll sind mit Feststellungen wie: »keine Besonderheiten«, »Pat. unauffällig«, »alles in Ordnung«, »versorgt nach Plan« oder »Pat. ohne Beschwerden«. Ergibt das Sinn? Man könnte es auch weglassen, aber das traut sich niemand. Es ist ein offenes Geheimnis, dass es bei der Dokumentation nicht nur um das Wohl der Patienten und die Vollständigkeit seiner Krankenakte geht, sondern auch um Nachweise für die Krankenkassen, was genau getan wurde, und Gerichte, falls ein Entlassener der Klinik Versäumnisse vorwirft und klagt. Insofern schützt die Dokumentationspflicht auch uns. Trotzdem vergeht Zeit, die beim Patienten fehlt. Übrigens gilt das auch für Ärzte, die gefühlt noch viel mehr Bürokratie an den Hacken haben als Krankenschwestern.

Ausgerechnet in der Corona-Krise, die alles bisher Dagewesene an medizinischem und pflegerischem Aufwand toppen sollte, erlebte ich die Situation in den Krankenhäusern auf einmal als paradox. Ich hielt mich bereit, wartete auf Abrufe, aber schon nach Ostern buchte mich niemand mehr. Zum Nichtstun verdonnert zu werden, fühlte sich nicht gut an. Es war verrückt, ich kam mir regelrecht veralbert vor. Während eben noch Ärzte zum Dienst zwangsverpflichtet werden sollten, wurden festangestellte Krankenschwestern ermuntert, Überstunden abzubauen. Als mir eine Freundin erzählte, dass sie von der Klinikleitung aufgefordert wurde, ihren gigantischen Berg an Überstunden abzutragen, dachte ich: Wie irre ist das denn? Wann bekommt das Personal in den Krankenhäusern schon mal die Möglichkeit, Überstunden abzubummeln? Und jetzt, wo alle Welt den Kollaps des Gesundheitssystems verhindern wollte, konnten Pflegerinnen und Pfleger durchatmen und Überstunden abfeiern, weil Operationen abgesagt wurden und Stationen leer blieben. Ein schlechter Witz! Ich las, dass die Einbrüche in der Zeit des Lockdowns zurückgingen. Wurden auch Polizisten nach Hause geschickt?

Auch das gehörte zur Tragikomödie, die nach Ostern bundesweit aufgeführt wurde: Plötzlich klangen Geschäftsführer von Krankenhäusern wie die Chefs von Unternehmen, die ums Überleben kämpfen. »Wir wollen das nicht, aber wenn es sehr eng wird, müssen wir es tun, um die Arbeitsplätze langfristig zu sichern.«[30] Als wären Stellen in der Gesundheitspflege ernsthaft in Gefahr. Warum werben sich dann Kliniken Ärzte und Krankenpfleger gegenseitig ab, wenn es um sie so schlimm steht. Das seelenlose Gerede offenbarte, dass es in

Kliniken nicht um Menschlichkeit geht, sondern ums Geschäft.

Dabei erhielten die Kliniken für leere Betten pro Tag 560 Euro aus dem Rettungsschirm, den Jens Spahn aufgespannt hatte. Für jedes zusätzlich bereitgestellte Intensivbett mit Beatmungskapazitäten bekamen sie 50 000 Euro. Das war vielen Krankenhäusern zu wenig. Sie verwiesen auf die gestiegenen Kosten für Schutzmittel, woran der Gesundheitsminister ja nicht unschuldig war. Offenbar kassierten einzelne Kliniken Geld aus dem Rettungsschirm und schickten trotzdem Ärzte und Pfleger in Kurzarbeit, was ich frech fand. Auch hier zeigte sich das Übel der Fallpauschalen und wie absurd es im Gesundheitswesen zugeht. Wer viele Covid-19-Patienten behandelte, verdiente gut, die anderen Krankenhäuser brauchten einen Rettungsschirm, damit sie überlebten. Die Personaluntergrenzen für Pflegepersonal wurden im Eiltempo ausgesetzt, nicht aber die Fallpauschalen. Das soll jemand verstehen.

Nun war es offenkundig: Das Leben des Dauerpatienten hing nur noch am seidenen Faden, die Wundheiler waren mit ihrer Kunst am Ende. Plötzlich bestimmte ihr Handeln nur noch die Angst, das Gesundheitssystem könnte überlastet sein. In Wahrheit ist es seit vielen Jahren überlastet. Nicht technisch, da ist Deutschland top, wohl aber personell. Noch Ende März konnten es gar nicht genug Mediziner, Krankenschwestern und Pfleger sein, alles wurde darauf ausgerichtet, als beherrsche ein unbeherrschbares Virus Deutschland und den Rest der Welt. Mitten in der Pandemie aber waren die Krankenhäuser so leer wie noch nie.

Wir können alle froh und stolz sein, in einem Land zu leben, das sich ein solches Gesundheitswesen leistet. Das meine ich ohne Spott und Ironie. Jedes Jahr zählen die immer noch 1900 Krankenhäuser in der Bundesrepublik mehr als 19 Millionen Patienten. Die Kosten ihrer Behandlung belaufen sich auf deutlich über 90 Milliarden Euro. Bei der Versorgungsdichte mit »normalen« und Intensivbetten ist Deutschland internationale Spitze – ein Grund, warum wir so gut durch die Corona-Krise gekommen sind. Wir konnten schwer an Covid-19 erkrankten Franzosen und Italienern das Leben retten, ohne jemals an das Ende der Kapazitäten an Intensivbetten und Sauerstoffgeräten gekommen zu sein.

»In Deutschland gibt es zu viele Krankenhäuser«, verkündete die Bertelsmann-Stiftung im Sommer 2019.[31] Die Urheber der Studie halten weiter an ihrer Forderung fest. Die Nationale Akademie der Wissenschaften Leopoldina, die die Bundesregierung auch in der Corona-Krise beriet, beschwerte sich 2016 über ein »unnötig aufgeblähtes System mit zu vielen Krankenhäusern.«[32] Die Forscher sprachen sich dafür aus zu klären, ob der Mangel an Pflegekräften nicht »doch aufgrund steigender Nachfrage (demografischer Wandel) besteht« und eventuell damit zu tun hat, dass Fallzahlen und Verweildauer in deutschen Krankenhäusern recht hoch sind. Es scheint nämlich so, dass Kliniken auf Bundesbürger eine große Anziehungskraft haben. Man erlebt das jeden Tag in den Notfallstellen, wo Leute mit Kleinigkeiten auftauchen, statt am nächsten Tag zum Hausarzt zu gehen.

Hinter der Forderung, Krankenhäuser dichtzumachen, steckt die Hoffnung, dass der personelle Engpass überwunden wird, wenn es weniger gibt. Dabei ist die Zahl der Kliniken in den vergangenen Jahren kontinuierlich gesunken. Hat es etwas gebracht? Angenommen, wir würden weitere Krankenhäuser schließen, würde dies voraussetzen, dass alle Mediziner und Pfleger, deren Arbeitsstätten geschlossen werden, wieder in einem Krankenhaus arbeiten und nicht etwa in Arztpraxen, Altenheimen oder ganz woanders. Vor allem aber: Wer garantiert, dass die weiterbestehenden Kliniken ihr Personal aufstocken und nicht lieber weiter aus dem letzten Loch pfeifen? Geiz ist doch geil, Profit wichtiger als Behandlung und Pflege, oder? Ich mache mir da nichts vor: Krankenhäuser und Praxen sind zu Wirtschaftsunternehmen geworden – und da rede ich nicht allein von der Schönheitschirurgie. Es wird operiert, damit der Aktienkurs steigt.

Auch bei der Gesundheit spaltet sich die Gesellschaft zunehmend in Arm und Reich, wie nicht zuletzt die Corona-Krise zeigte. Großfamilien, die auf engem Raum wohnen, konnten sich nicht aus dem Wege gehen, um das Infektionsrisiko zu minimieren. Dort, wo gespart wurde, schlug das Virus erbarmungslos zu: in Altenheimen und Fleischfabriken. So ist es auch mit der Zwei-Klassen-Medizin, die in Deutschland entstanden ist. Die extrem spezialisierten Kliniken, die teure und komplizierte Operationen durchführen können, bringen Geld. Ich bin gespannt, wie viele Krankenhäuser in naher Zukunft noch in Aktiengesellschaften verwandelt werden.

Bernard große Broermann, Gründer der Asklepios-Kliniken, lehnte im Oktober 2007 einen Börsengang seines Krankenhauskonzerns mit den markigen Worten ab: »Ich werde nicht zulassen, dass die Kliniken zum Spielball für Privatkapital werden.«[33] Nun las ich, er wolle das Unternehmen am liebsten 2020 an die Börse bringen. Was hat sich denn in der Welt von Herrn große Broermann in etwas mehr als zehn Jahren geändert? Reichen ihm seine Millionen nicht mehr zum Leben aus? Warum können seine Kliniken jetzt zum »Spielball von Privatkapital« werden? Und das werden sie nach dem Börsengang sein. Jeder weiß doch: Aktionäre wollen Geld sehen. Da geht Dividende vor Humanität. Operationen sollten nicht empfohlen werden, weil sie dem Krankenhaus und dem Aktionär Geld bringen, sondern Patienten ein besseres und längeres Leben.

Die Krankenhausfinanzierung ist unglaublich kompliziert. Es ist unvorstellbar, was bei den Verhandlungen über das Budget jedes Jahr an kostbarer Zeit draufgeht. Alles wird genau festgelegt und geregelt. Die Behandlungen der Patienten zahlen die Krankenkassen. Den Rest, die sogenannten Investitionskosten, müssen die Bundesländer aufbringen. Ein Krankenhaus kann also nicht einfach beschließen, nächstes Jahr einen Erweiterungsbau zu errichten. Der Betreiber muss ihn bei der Landesregierung beantragen und hoffen, dass er die Genehmigung erhält. Doch die denkt meistens überhaupt nicht daran, der Investitionsstau liegt im zweistelligen Milliardenbereich. Das Knausern der Länder führt dazu, dass die Kliniken nötiges Geld für Renovierungen und Anschaffungen von der Patientenversorgung abknapsen und dann mehr Operationen durchführen, um die nötigen Moneten zu verdienen. Das ist alles krank!

Die Bundesregierung hält sich bei der Finanzierung raus. Verteidigungsministerin Annegret Kramp-Karrenbauer möchte lieber 93 Eurofighter und 45 amerikanische F-18-Kampfbomber kaufen. Aber Krankenhäuser müssen ständig betteln. Soll die Regierung die Milliarden für bessere Bildung und die Gesundheit ausgeben. Anfang Mai sagte Angela Merkel: »Heute fehlen für die Entwicklung eines Impfstoffes noch geschätzt acht Milliarden Euro.« Auch dafür wäre Geld da, würde die Regierung auf die Flugzeuge verzichten.

Jens Spahn kündigte im August 2018 an, durch ein »Sofortprogramm Pflege« 13 000 zusätzliche Jobs in der Altenpflege zu schaffen. Die Kosten müssten die Krankenkassen übernehmen, also die Beitragszahler. Sein Ansatz ist richtig, die Pflege in Krankenhäusern wieder lukrativer zu machen. Inzwischen weiß ich aber, dass der Minister unter »sofort« etwas anderes versteht als ich. Ein Jahr nach dem vollmundigen Versprechen waren etwa 300 »Spahn-Stellen« besetzt worden, die an und für sich gute Initiative erwies sich als weiteres Bürokratiemonster. Herr Spahn hatte auch verkündet, zusätzlich zu den 13 000 Stellen »kommt noch die Krankenpflege, bei der der Bund jede zusätzliche Pflegestelle finanziert. Das heißt: Wenn die Kliniken 30 000 neue Pflegekräfte finden, dann werden auch diese 30 000 Leute bezahlt.«

Auch das klang wunderbar in unser aller Ohren, warf aber wieder mal die Frage auf: Weiß der Mann, wovon und was er redet? Wo sollen die Leute herkommen? Aus Nachbarstaaten, Mexiko, dem Kosovo und von den Philippinen. Spahn gründete gar die Deutsche Fachkräfteagentur für Gesundheits- und Pflegeberufe, um Personal überall in der Welt zu finden. Das kann natürlich ein Weg sein, das deutsche Problem auf Kosten anderer zu beheben. Es ist doch logisch, dass die

Leute, wenn sie eine entsprechende Ausbildung haben, dann in ihren Heimatländern fehlen. Allen Rassisten sei an der Stelle gesagt: Würde Deutschland alle Einwanderer rausschmeißen, wäre die Alten- und Gesundheitspflege auf einen Schlag tot.

Die Corona-Krise belebte die alte Debatte neu, alle Krankenhäuser in öffentliche Hand zu geben. Forderungen von Verstaatlichungen sind gerade populär. Es lässt sich trefflich darüber streiten, was besser ist. Ich habe in privaten und staatlichen Kliniken gearbeitet und in beiden gute sowie schlechte Erfahrungen gemacht. Ich kenne privat betriebene Krankenhäuser, deren Personalschlüssel höher sind, Patienten sehr gut versorgt werden und sowohl Kranke als auch Ärzte und Gesundheitspfleger zufrieden sind. Die Bezahlung für die Mitarbeiter kann unter Umständen sogar höher liegen, da sie sich nicht am Tarif orientiert und das Gehalt frei verhandelbar ist. Ich kenne aber auch Privatkliniken, die einen Tick schlechter bezahlen. Ich habe in Kliniken in staatlicher Hand gearbeitet, in denen Pflegekräfte wie Sklaven angetrieben wurden.

Entscheidend sind die Führungskräfte, ob sie anständig sind oder nicht. Beschäftigte des landeseigenen Berliner Krankenhauskonzerns Vivantes bekamen den Sparkurs des Managements zu spüren. Im Frühjahr 2018 kämpften sie für die Anwendung eines Tarifvertrags in ausgegliederten Tochterunternehmen. Zufall oder nicht: Just zu der Zeit wurde durch einen Bericht des Landesrechnungshofes bekannt, dass Führungskräfte des Unternehmens jahrelang Kasse machten. Ein leitender Mitarbeiter erhielt zum Beispiel 110 000 Euro festes Gehalt pro Jahr und weitere 70 000 über Zulagen und Boni. »Eine Systematik war nicht erkennbar. Vielfach waren die Zahlungen auch unzureichend begründet«, schrieben die Hüter der Landeskasse über die Machenschaften. Besonders dreist fand ich die Erklärung der Konzernspitze von Vivantes zur Rechtfertigung der Bezahlungen. Sie erklärte, Unternehmen im Gesundheitswesen »zahlen je nach Marktlage ggf. Zulagen, um qualifiziertes Personal zu gewinnen«.[34] Als wären Krankenschwestern, Pfleger und Physiotherapeuten unqualifiziert und leicht zu haben. Ohne uns würde der Konzern zusammenbrechen.[35]

Es klingt immer nach Gier, wenn jemand mehr Gehalt für sich verlangt. Man darf aber nicht vergessen, wie viel Verantwortung wir haben und dass es dabei täglich um Leben und Tod geht. Es ist doch merkwürdig, dass Fachkräfte, die bei Volkswagen oder Daimler dafür sorgen, dass Autos vom Fließband rollen, ein paar Tausend Euro mehr im Jahr verdienen können als wir Krankenschwestern und Pfleger, die wie am Fließband Menschen waschen, füttern und medizinisch versorgen. Das zeigt, dass ein dicker Wagen einen höheren Stellenwert in der deutschen Gesellschaft hat als die Pflege von Kranken und alten Menschen. Ein schönes Auto zählt mehr als ein schöner Lebensabend.

Die Spiegel-Redakteurin Cornelia Schmergal kam während der Corona-Krise zu der Erkenntnis: »In Deutschland hat man sich daran gewöhnt, dass vor allem diejenigen einen guten Lohn verdienen, deren Produktivität sich in exportierbaren Gütern messen lässt. Dass eine ausgebildete Fachkraft in der Automobilindustrie fast doppelt so viel an Jahresbrutto erhalten kann wie eine examinierte Fachkraft in der Altenpflege – wir hielten das für üblich. Dabei ist es nicht weniger als ein Skandal. Und wir alle haben ihn mitverschuldet. Das neue Auto gilt weiten Teilen der Bevölkerung auch heute noch als Statussymbol, für das man gern einen Euro mehr zahlt.«[36]

Wir Pflegerinnen und Pfleger stellen nichts her, wir bewahren nur: Leben. Unser Beitrag zum Wirtschaftswachstum beträgt null Komma nichts. Alles, was wir tun, ist, Kranke und Hochbetagte zu unterstützen. Das ist unbezahlbar!

Krankenschwestern verdienen im Schnitt monatlich rund 3400 Euro brutto. Meine westdeutschen Kolleginnen kommen auf gut 3500, wir in Berlin und im Osten müssen uns mit ungefähr 400 Euro weniger im Monat begnügen. Das Forschungsinstitut der Bundesagentur für Arbeit errechnete zudem, dass Pflegefachkräfte in Seniorenheimen durchschnittlich 500 Euro weniger als ihre Kolleginnen in Kliniken erhalten, was ich besonders unfair finde. Dort fehlt es ganz oft an Tarifverträgen, jeder Heimbetreiber macht, was er will. Es ist schön, dass der Mindestlohn für Hilfskräfte schrittweise angehoben und ab September 2021 in Ost und West angeglichen wird, damit diese Ungerechtigkeit endlich aufhört. Ein Fortschritt ist auch, dass ab Juli 2021 ein Mindestlohn für Pflegefachkräfte in Altenheimen von 15 Euro eingeführt wird.[37]

Sosehr ich auch über Jens Spahn schimpfe – etwas sehr Wichtiges hat er erkannt. Es ist nicht allein die Bezahlung, um die es gehen muss, sondern auch, dass der Job attraktiver wird. Was hilft mir mehr Geld auf dem Konto, wenn ich abends zu fertig bin, um noch zum Shoppen oder in eine Bar zu gehen? Die Kombination aus miserablen Arbeitsbedingungen, relativ geringem Gehalt und fehlender Anerkennung schreckt sicherlich viele junge Leute davon ab, Altenpfleger oder Krankenschwester zu werden.

Ein gutes halbes Jahr nach Amtsantritt sagte Herr Spahn in einem Interview mit der Zeitung »Augsburger Allgemeine«: »Wenn von einer Million Pflegekräften 100 000 nur drei, vier Stunden mehr pro Woche arbeiten würden, wäre schon viel gewonnen.« Dafür erntete er Hohn und Spott, weil es so rüberkam, als wäre das Problem des Personalmangels gelöst, wenn Pflegekräfte einfach noch ein paar Stunden dranhängen würden. Die ZDF-»heute show« postete das Zitat auf Facebook und schrieb dazu: »Wenn Jens Spahn nur drei bis vier Stunden weniger pro Woche nachdenken würde, blieben uns viele beschissene Ideen erspart.« Das wünsche ich mir auch. Aber gerade hier war das Spahn-Bashing unangebracht.

Jens Spahn hat recht mit seinem Ansatz. 43 Prozent der Beschäftigten in der Gesundheits- und 56 Prozent in der Altenpflege arbeiten in Teilzeit. Nun könnte man denken: Es sind eben Frauenberufe. Irrtum. Auch der Anteil der Männer, die ihre Stundenzahl im Job verringert haben, ist überdurchschnittlich hoch. Der Deutsche Berufsverband für Pflegeberufe befragte erst 2019 Kolleginnen und Kollegen: Nur 12,5 Prozent konnten sich vorstellen, ihre geringere Arbeitszeit aufzustocken. Der Grund für ihr Nein: Sie haben keinen Bock, sich den Stress wieder in Vollzeit anzutun. Vielleicht wäre eine Möglichkeit, dass Gesundheits- und Altenpfleger eine Zeit lang 80 Prozent bei vollem Lohnausgleich arbeiten. Im Gegenzug müssten sie sich verpflichten, keine Nebenjobs auszuüben, damit sie ihre Arbeitskraft wirklich nur den Senioren widmen.[38]

In dem besagten Interview hatte Herr Spahn auch gesagt: »Vieles ist auch eine Frage der Organisation: faire Schichtpläne, verlässliche Arbeitszeiten, auch mal drei, vier freie Tage am Stück. Derzeit ist die Pflege der am wenigsten planbare Beruf, den es gibt. Die meisten Menschen, die in der Pflege arbeiten, arbeiten dort gerne, sie schöpfen viel Kraft aus ihrem Beruf, hadern aber mit den Umständen, die er mit sich bringt. Deshalb müssen wir auch an den Rahmenbedingungen arbeiten.«

Exakt, Herr Spahn. Dann kümmern Sie sich darum. Die Hoffnung stirbt zuletzt. Tatsächlich aber führt auch hier der Weg zum Glück nur über mehr Personal, das besser verdient. Sie sind gewählter Volksvertreter. Sie haben dafür zu sorgen, dass das Volk menschenwürdig behandelt wird, wie es die Verfassung vorschreibt. Zum Volk gehören Kranke und Krankenschwestern. Also tun Sie etwas, damit der Rechtsbruch ein Ende findet.

12

NACH DEM APPLAUS FOLGTE DIE STILLE – WARUM ICH DIE HOFFNUNG TROTZDEM NICHT AUFGEBE

»Pflegekräfte sind die stillen Helden in Deutschland.« Den Satz hat Angela Merkel gesagt. Wann? Richtig, so ungefähr ging er ihr während der Corona-Krise über die Lippen. Das Zitat stammt aber aus dem Bundestagswahlkampf 2013, als die Kanzlerin gegen den Vorwurf der sozialen Kälte und Ungerechtigkeit anredete: »Es gibt so viele Menschen, die härtere Belastungen als ich tragen, wenn ich nur sehe, was Pflegerinnen und Pfleger in Altenheimen oder Krankenhäusern leisten, die oft über Jahrzehnte mit Menschen in Notsituationen arbeiten.«[39] Mir kommt es mittlerweile so vor, als ob Frau Merkel immer dann Lobgesänge auf die Helden in Altenheimen und Kliniken anstimmt, wenn sie uns als Kanonenfutter oder als Wähler braucht.

Der Zufall will es, dass die Corona-Krise ins »Internationale Jahr der Pflegekräfte und Hebammen« fällt, zu dem die Weltgesundheitsorganisation 2020 erklärt hat. Das wiederum ist kein Zufall: Die WHO hat den 200. Geburtstag von Florence

Nightingale am 12. Mai 1820 zum Anlass genommen.[40] Ich bin sicher, niemand hätte etwas vom »Jahr der Pflegekräfte« mitbekommen, wenn das Coronavirus nicht die Welt lahmgelegt und offenbart hätte, dass die Gesundheitssysteme Italiens, Spaniens, Großbritanniens, Deutschlands und sonst wo auf der Erde massive Probleme haben und dass dort jene Menschen arbeiten, die unsere Kanzlerin bei Bedarf »stille Helden« nennt, aber dann schnell wieder vergisst.

Ich mache mir nichts vor, dass es auch dieses Mal wieder so sein wird. Die Petition der Pflegekräfte unterschrieben bis Ende März 350 000 Menschen. Nachdem sie online ging, war der Zuwachs gigantisch. Die Bevölkerung solidarisierte sich mit den stillen Helden. Doch je mehr sich die Corona-Lage entspannte, desto geringer wurde die Unterstützung für den Appell an Jens Spahn. Bis Ende Mai kamen nur noch weitere 100 000 Unterschriften dazu. Auf den Balkonen klatschte niemand mehr – und wenn, dann nur deshalb, weil ein Tor in der Bundesliga fiel oder das Grillfleisch schmeckte. So sind wir Menschen eben. Aus den Augen, aus dem Sinn.

Wir Krankenschwestern und Pfleger werden wieder allein mit unseren Forderungen und Hoffnungen sein. Für meine Resignation gibt es Gründe.

Im Januar 2017 schrieb meine Kollegin Jana Langer, die seit mehr als 20 Jahren an einer Uni-Klinik im Südwesten der Republik arbeitet, einen offenen Brief an die »Sehr geehrte Frau Merkel«. Zunächst schickte sie ihn an den damaligen Gesundheitsminister Hermann Gröhe. Weil der nicht antwortete, entschloss sich Jana, den Brief an die Kanzlerin auf Facebook

zu veröffentlichen. Sein Inhalt klang genauso wie meine Wutbotschaft: zornig, frustriert, verzweifelt und ein wenig resig-
niert.

Meine Kollegin erklärte in dem Schreiben ihre Liebe zu ihrem
Beruf und ihre hohe Motivation. Sie verwies auf die Vielzahl
ihrer Weiterbildungen und Zusatzqualifikationen und dass sie
immer ihr Bestes auf Arbeit gab. »Der Mensch stand stets im
Mittelpunkt meines Handelns, die Genesung und Linderung
von Schmerzen, Hilfe zur Selbsthilfe war immer mein Berufs-
motto. Wahrung der Menschenwürde, trotz oftmals widriger
Umstände, war für mich das oberste Gebot.« Sie betonte: »Die
letzten Jahre war das ein Ding der Unmöglichkeit.«
　　Genau wie ich beklagte Jana, dass Patienten zu Wirtschafts-
faktoren, Fallpauschalen und Kostenfaktoren geworden sind.
»Menschen sind sie keine mehr, und sie als solche zu behandeln unmöglich.« Sie schimpfte über die Zeit fressenden Dokumentationspflichten, die nur der Abrechnung dienen.
Kurzum: »Das Gesundheitssystem in seiner bestehenden
Form behindert meine Arbeit.«

Meine geschätzte Kollegin zählte all das auf, was ich selbst be-
zeugen kann, erlebt habe oder in meiner Lehrzeit am eigenen
Leib zu spüren bekam. »Arbeitszeitgesetze werden aufgrund
von fehlender Finanzierung der Personalstellen nicht einge-
halten. Patienten werden zu früh entlassen, da ihre Finanzierung nicht gewährleistet ist. Gefährliche Pflege (bedingt
durch Personalmangel) bringt jeden an seine noch leistbare
Grenze. Der Nachwuchs bleibt aus, und diejenigen, die sich zu
dieser Ausbildung entschlossen haben, scheiden viel zu früh

aus dem Berufsleben aus, werden während ihrer Ausbildung nur unzureichend betreut und viel zu oft allein gelassen.« Oh ja, wie recht meine Kollegin doch hatte!

In ihrem Brief berichtete Jana der Kanzlerin von den alltäglichen Zuständen, die vermutlich auf 99 Prozent aller Krankenhäuser in Deutschland übertragbar sind: von Personal, das innerlich gekündigt hat, von schlecht bezahlten Hilfskräften, deren Motivation in Richtung Keller geht, von überarbeiteten und übermüdeten Kollegen, »die nur noch versuchen, den größten Schaden abzuwenden«. Sie fragte die Kanzlerin, ob nicht die Zeit des Herumdokterns endlich vorbei sein sollte und eine umfassende Reform nötig wäre. »Über eine Million Pflegekräfte arbeiten und leiden in Ihrem Land, das Sie regieren. Sie tragen die Verantwortung für jene, die Ihnen das Vertrauen ausgesprochen haben. Ist Ihnen klar, dass Sie dieses Vertrauen mit Füßen treten?«

Die Medien berichteten über Janas zornigen Brief genauso stark wie über meine Wut-Botschaft. »Offensichtlich hat Langer mit ihrem Bericht einen Nerv getroffen«, hieß es. Janas Facebook-Posting wurde ebenfalls zehntausendfach geteilt und kommentiert. Kolleginnen und Kollegen gaben ihr recht und verfluchten die Wundheiler. »Es scheint fast so, dass das Jammertal durchlaufen wäre und wir doch eine starke Gemeinschaft bilden könnten«, sagte sie damals hoffnungsfroh dem Nachrichtensender n-tv. »Im Grunde möchte ich einfach nur sinnvoll, professionell und ethisch vertretbar meine Arbeit verrichten.«[41]

Passiert ist: nichts. Jana gehörte mit zu den Kolleginnen und Kollegen, die die Online-Petition an Jens Spahn initiierten.

Geblieben ist bei ihr wie bei mir der Wunsch, dass wir alle sinnvoll, professionell und ethisch vertretbar unserem Job nachgehen können.

Der Gesundheitspfleger Alexander Jorde erinnerte Angela Merkel im September 2017 in einer Fernsehsendung zur Bundestagswahl an den Artikel 1 des Grundgesetzes, wonach die Würde des Menschen unantastbar ist. Er war damals noch Schüler. Nach nur einem einzigen Jahr Ausbildung kam er zu dem Schluss, dass sowohl in Krankenhäusern als auch Pflegeheimen »diese Würde tagtäglich in Deutschland tausendfach verletzt wird«. Alexander kritisierte unhaltbare Zustände: »Es gibt Menschen, die liegen stundenlang in ihren Ausscheidungen. Das sind Menschen, die haben dieses Land aufgebaut nach dem Weltkrieg. Die haben dafür gesorgt, dass wir diesen Wohlstand haben, den wir heute haben.« Er sagte: »Sie sind seit zwölf Jahren an der Regierung und Sie haben in meinen Augen nicht viel für die Pflege getan.«

Alexander forderte die Einführung einer Quote, nach der eine Pflegekraft »maximal so und so viele Patienten« betreut. Angela Merkel, die sehr ernst dreinschaute, erzählte daraufhin die Mär der Wundheiler, dass von ihrer Regierung gerade beschlossene Gesetze für Abhilfe sorgen würden. In der ARD-Wahlarena sagte sie an Alexanders Adresse: »Ich hoffe, wenn wir uns in zwei Jahren wiedersehen würden, dass es dann etwas besser ist.« Allein die Einschränkungen »hoffe« und »etwas« sagten alles. Da redete ein junger Mensch, ein motivierter Pfleger in Ausbildung, von tagtäglichem Verfassungsbruch und unzumutbaren Zuständen – und die Kanzlerin verwies auf Gesetze ihrer Regierung, von denen sie

»hoffte«, dass das Schlamassel im September 2019 »etwas besser ist«. Das Prinzip Hoffnung ist typisch für die Politik der Wundheiler.

Frau Merkel hätte definitiv schon damals wissen müssen, dass »etwas besser« nicht reichen würde, die Pflegekatastrophe abzuwenden. Alexander rutschte sichtbar geschockt heraus: »Das kann gar nicht funktionieren.« Er fragte die Kanzlerin, woher 100 000 fehlende Pflegekräfte in zwei Jahren kommen sollten. »Die fallen nicht vom Himmel. Und man kann sie nicht alle aus dem Ausland holen.« Natürlich behielt er recht. Es wurde nichts besser, noch nicht einmal »etwas besser«. Die Verbesserungen, die es inzwischen zweifellos gegeben hat, wie die von Alexander geforderte Quote, also die Personaluntergrenze, waren nicht das Werk von Herrn Gröhe, sondern das von Jens Spahn. Und die Quoten bringen auch nur dann etwas, wenn genügend Fachkräfte da sind. Ist der Gesellschaft unter dem Strich damit geholfen, dass Intensivschwestern weniger Patienten betreuen müssen, dafür aber Betten auf den Intensivstationen nicht belegt werden können, weil es dort an Personal fehlt?

Auch über Alexanders Klage berichteten die Medien ausführlich. Angela Merkel hatte die Öffentlichkeit auf den Herbst 2019 vertröstet. Sie hatte ihr Sand in die Augen gestreut, wie sie es immer tut, wenn sie nichts Konkretes zu sagen hat. Dann kommt auch von ihr nur das übliche Wir-haben-verstanden-Gerede, das keine einzige Stelle schafft. Die Corona-Krise hat gezeigt, dass das Prinzip Hoffnung untauglich ist, die personellen Lücken in den Stationen zu schließen.

So verpuffte auch Alexanders dramatischer Appell, der Menschenwürde in Krankenhäusern mehr Geltung zu verschaffen. Geblieben ist der Wunsch, dass wir Pfleger »sinnvoll, professionell und ethisch vertretbar« unseren Beruf ausüben können, wie es Jana in ihrem Brief formuliert hatte.

Immerhin bemüht sich Herr Spahn, grundlegende Probleme der Misere anzupacken. Der Punkt jedoch ist, dass von seinen Initiativen auf den Stationen bisher zu wenig angekommen ist. Ich bin gespannt, ob er aus der Corona-Krise gelernt hat und endlich den großen Wurf versucht. Nur Masken und andere Schutzkleidung wieder in Deutschland herzustellen, wird nicht reichen, das nächste Virus zu besiegen. Und seien Sie sicher: Es wird kommen.

Wir lassen unsere Patienten nicht im Stich, aber die Politik lässt uns im Stich. So war es schon immer. Und so wird es bleiben. Anscheinend überall auf der Welt. Ich las, wie das Personal einer Brüsseler Klinik die belgische Regierungschefin Sophie Wilmès empfing und dachte: Geschieht ihr ganz recht. Als die Frau das St.-Peter-Krankenhaus besuchte, verwehrten ihr Mitarbeiter der Klinik den Respekt. Statt die Politikerin freundlich zu begrüßen, drehten sie sich rum und zeigten ihr demonstrativ die kalte Schulter. »Die Politiker kehren unseren Hilferufen ständig den Rücken«, begründete ein Pfleger den Protest im belgischen Fernsehen. »Die Mannschaften sind unterbesetzt und die Burnout-Raten zeigen es. Wir wollen, dass der Beruf richtig geschätzt wird.«[42] Sein Befund könnte von Jana, Alexander, mir und Zehntausenden anderen Kollegen sein.

Der Streit um den Helden-Bonus sprach Bände.[43] 1500 Euro als Maximalbetrag klang zunächst super. Aber das Gefeilsche, wer für die eine Milliarde für den steuerfreien Obolus aufkommen sollte, fand ich erbärmlich und entwürdigend. Was hatte dieses Gezänk mit Wertschätzung der Helden zu tun? Alle redeten von Respekt, aber niemand wollte seine Anerkennung in bare Münze übertragen. Die Unverfrorenheit der Arbeitgeber im Verwaltungsrat des Spitzenverbands der gesetzlichen Krankenkassen hat mich schockiert. Erst kamen aus dem Verband Signale der Zustimmung, dann folgte der Rückzieher. Die Arbeitgeber stellten plötzlich die »Gerechtigkeitsfrage«. Respekt für Pflegekräfte sei zwar eine dufte Sache. Doch dürfe nicht vergessen werden, »dass sie in der derzeitigen Krise einen sicheren Arbeitsplatz haben und ihr volles Gehalt beziehen, während viele Beschäftigte in anderen Branchen in Kurzarbeit gehen müssen oder sogar ihren Arbeitsplatz verlieren«. Mit anderen Worten: Seid gefälligst froh, dass ihr Arbeit habt, und kommt uns nicht mit dem Wunsch nach einem Bonus.

Immerhin versprach Jens Spahn, zwei Drittel der Prämie über einen Zuschuss an die Pflegekasse zu zahlen, der Restbetrag wurde zur Ländersache erklärt. Verweigerten die sich, lag die Prämie eben unter 1500 Euro. Wen interessierte das noch? Ohnehin waren selbst 1500 Euro angesichts der Leistungen der Altenpfleger und ihrer Löhne ein Almosen. Was mich allerdings besonders ärgerte: Während riesige Konzerne mit Milliardenbeträgen aus der Staatskasse »gerettet« wurden, stritten sich Politik, Krankenkassen, Heim- und Klinikbetreiber über den Helden-Bonus. An Unternehmen wie der Lufthansa und Adidas hängen viele Arbeitsplätze – an unseren

Jobs nur Leben. Für Krankenhäuser spannte die Regierung einen »Rettungsschirm« auf – allein der Begriff brachte mich in Rage. Die Kliniken, ob private oder öffentliche, konnten sich auf den Staat verlassen. Der zahlte für leere Betten. Dass Krankenhäuser möglichst nicht pleitegehen, ist selbstverständlich im Interesse der Gesellschaft. Doch liegt nicht auch im Interesse der Gesellschaft, mit den Leuten – Helden hin oder her – anständig umzugehen, die, um noch einmal Frau Merkel zu zitieren, »den Laden am Laufen halten«?

Der Zank darüber, wer den Bonus bezahlen sollte, nahm mir die Freude daran. Abgesehen davon, dass ich sowieso nichts bekam ausging. Die Belohnung wurde ja nur den Mitarbeitern in den Altenheimen zuerkannt. Wir Krankenschwestern und Pfleger in den Kliniken waren nur noch Helden zweiter Klasse und gingen leer aus. Ich vermute, weil es zu teuer geworden wäre und wir generell mehr verdienen als die Kolleginnen und Kollegen in den Seniorenheimen. Ich gönne ihnen den Obolus. Genau wie auf den Applaus von den Balkonen pfeife ich darauf. Was hilft mir eine einmalige Zahlung, wenn die Misere weitergeht wie bisher? Und das wird sie.

Mit diesem Trostpflaster von höchstens 1500 Euro schaffte es die Politik immerhin, für Ruhe im Karton zu sorgen und einige »Systemrelevante« zu beglücken. In Süddeutschland gab es immerhin noch zum warmen Händedruck ein warmes Essen. Pflegerinnen und Pfleger in bayerischen Krankenhäusern, Altenheimen und Behinderteneinrichtungen wurden – je nach Sichtweise – mit Speisen und Getränken bedacht, man könnte auch sagen: abgespeist. Der Freistaat übernahm die Kosten für Essen und Trinken.

Die bayerische Kantinen-Weißwurst, der Helden-Bonus und der Beifall von den Balkonen hatten eins gemeinsam: Es waren nette Gesten, letztendlich aber nicht mehr als Beruhigungspillen. Es ist nun endgültig an der Zeit, dass Deutschland den Kern des Problems angeht und das Gesundheitswesen reformiert. Und das ist nicht nur Sache der Politik und der Tarifpartner, die die Löhne aushandeln. Wenn wirklich Grundlegendes geändert werden soll, muss man den Leuten sagen, dass es auch sie Geld kosten wird. Ob es dazu genug Bereitschaft in der Gesellschaft gibt, bezweifle ich. Nur Applaus und die Mittel der Wundheiler werden es auf Dauer nicht bringen. Irgendwann stirbt der Dauerpatient.

Wir Krankenschwestern waren jahrelang für die allermeisten Mitmenschen unsichtbar. Dann kam Corona, wir wurden endlich gesehen. Der große Ansturm auf die Krankenhäuser mit Covid-19-Patienten blieb Deutschland, Gott sei Dank, erspart. Das erfüllte mich mit Freude und Stolz. Aber bald spürte ich, wie wir wieder zu Unsichtbaren wurden. Das Gerede über die Solidarität verstummte. Dem Applaus folgte die große Stille. Das machte mich traurig. Wen interessierte noch, unter welchen Bedingungen wir arbeiteten und ob genügend Schutzmaterial da war? Das Coronavirus war praktisch abgehakt. In den Nachrichten ging es nur noch darum, wann der Impfstoff komme und ob der Sommerurlaub stattfinden könne und wo die Reise hingehen könnte.

Jens Spahn gab Ende Mai in der »Zeit« Entwarnung in Sachen Schutzkleidung: »Mittlerweile gelingt es uns, so viel zu beschaffen, dass mir die ersten kassenärztlichen Vereinigungen und Länder sagen: Der Hof ist voll, stell die Lieferungen ein.« Berlin gehörte offenkundig nicht zu den Glücklichen mit vollem Hof. Ende Mai hatte ich Wochenenddienst in einer Krebsstation. Ich konnte wiederum nur eine Maske pro Tag benutzen, die Intensivbereiche hatten weiter Vorrang. Dabei ist es gerade in der Onkologie kreuzgefährlich, schon wegen der Krankenhauskeime. Der Zustand hatte nichts mit der Klinik zu tun, die achtet nach meiner Erfahrung stets sehr genau auf Hygiene. Es fehlte nach wie vor an Masken.

Jens Spahn zog sich in seine Alles-ist-gut-Welt zurück. Er war schon wieder ganz der Wundheiler, der sich zufrieden auf die Schulter haute, weil seine Tinkturen den Dauerpatienten am Leben gehalten hatten und er auch schon neue Salben in Aussicht stellte, die dem Gesundheitssystem weitere Linderung versprachen. Von einer großen Reform und einem Umdenken in der Gesellschaft war nicht die Rede. Ich muss keine Wahrsagerin sein oder in die Zukunft reisen können, um vorauszusagen, dass alles bleiben wird, wie es war. Alle Bemühungen des Ministers, die personellen Lücken zu schließen, dürften mit dem Frust kollidieren, den er und andere Wundheiler in der Corona-Zeit erzeugt haben.

Kolleginnen und Kollegen schrieben mir, sie überlegten, sich einen anderen Job zu suchen, wenn sich die Lage nicht bessere. Das klang so: »Ich hoffe, dass wir alle endlich Gehör finden und sich nach dieser Krise etwas tut. Sollte dies nicht der Fall sein, hab ich für mich entschieden, dem tollsten Job der Welt den Rücken zu kehren …« Die Zahnmedizinische Fachangestellte, die ich schon in diesem Buch zitiert habe, schlussfolgerte: »Wenn man mal wirklich logisch denkt, wenn alles vorbei ist mit dem Virus, dann wird es genauso beschissen laufen wie vorher. Und es werden ganz viele kündigen. Wenn das passiert und echt alle so was von unterbesetzt sind und viele auf Grund dessen schließen müssen, dann wird erst was getan. Es wird immer erst was getan, wenn es zu spät ist. Und das ist einfach nur noch mehr als traurig.«

Stimmt. Eine perfekte Diagnose. Ehrlich gesagt, kann ich niemandem solche Gedankenspiele verübeln, auch wenn sich die Lage dann noch verschlimmern würde. Ich habe selbst schon oft überlegt, noch etwas anderes zu lernen, mich weiterzuentwickeln und vielleicht etwas ganz anderes zu machen. Aber gleichzeitig denke ich: So ein oder zwei Tage die Woche könnte ich trotzdem noch als Krankenschwester arbeiten. Ich mache den Job nach wie vor sehr gerne. Kranken dabei zu helfen, wieder ein gutes Leben zu führen oder sogar ins Leben zurückzukehren, ist nicht nur mein Beruf, sondern meine Berufung. Anderen Gutes zu tun ist: voll cool. Zu erleben, wie eben noch sehr kranke Patienten wieder nach Hause gehen können, ist: voll cool. Immer wieder vor neuen Herausforderungen zu stehen und fachlich gefordert zu sein ist: voll cool. Als Krankenschwester zu arbeiten ist: na, Sie wissen schon.

Es ist gut möglich, dass ich aufgrund meiner Wut hier und da mit der Kritik an Politikern, allen voran Jens Spahn, und dem Robert-Koch-Institut überzogen habe, vielleicht sogar manchmal unfair gewesen bin. Ich werde aber auch nicht dafür bezahlt, das Land bestmöglich durch eine Krise zu führen und die Entscheidungsträger zu beraten, sondern den Heilprozess von Krankenhauspatienten zu unterstützen. Ich musste wochenlang das ausbaden, was die Regierung und das Robert-Koch-Institut verzapft hatten. Deshalb ist es mein gutes Recht, mich aufzuregen und wütend zu sein.

Mir ist die Gesundheits- und Altenpflege eine Herzensangelegenheit. Wir müssen darüber reden, wie es damit weitergehen soll. Es geht dabei um nicht weniger als die Frage, wie menschlich Deutschland ist und bleibt. Das Minimum, was ich von den Verantwortlichen in der Politik erwarte, ist, dass sie die Republik für die nächste Pandemie rüsten, damit es dann weniger hysterisch, panisch und aktionistisch zugeht. Werde ich dann noch als Krankenschwester arbeiten? Ich weiß es nicht, wünsche es mir aber sehr.

Für mich ist das Krankenhaus seit nunmehr einem Jahrzehnt nicht nur Stätte der Arbeit, in der ich Geld verdiene, sondern auch des persönlichen Glücks. Nicht immer hatten die kleinen und großen Dramen ein Happy End. Ich habe todtraurige Eltern gesehen, die ihre Kinder verloren haben. Ich sah Erwachsene zusammenbrechen, deren Mutter oder Vater gerade gestorben waren. Ich habe aber auch das Gegenteil erlebt, dass ein Herzinfarkt noch einmal gut gegangen ist und augenscheinlich Todgeweihte dem Tod im letzten Moment noch mal von der Schippe gesprungen sind. Einen winzigen Anteil an diesen kleinen Wundern gehabt zu haben, macht mich glücklich.

Ich hoffe, es bleibt so und dass die Politik die Voraussetzungen schafft, dass ich meinen Beruf weiter ausüben kann. Das nächste Virus lauert garantiert schon irgendwo. Ob es sich dann um Covid-21, Covid-25 oder Covid-30 handelt, werden wir sehen. Aber es wäre schön, ich könnte noch dabei sein, die Folgen einer Pandemie erträglich zu halten, egal ob sie 2021, 2025 oder 2030 kommen wird. Denn wenn die Arbeitsbedingungen und das Gehalt stimmen, man ein nettes Team, anständige Vorgesetzte und freundliche Patienten um sich hat, ist Krankenschwester nicht nur (m)ein Traumberuf – dann ist es der schönste Job auf der Welt.

QUELLEN

1 »Spahn setzt Personaluntergrenzen für Kliniken aus«, in *ÄrzteZeitung* am 04.03.2020
   https://www.aerztezeitung.de/Politik/Spahn-setzt-Personaluntergrenzen-fuer-Kliniken-aus-407260.html

2 »Jens Spahn will Pflegeberufe aufwerten«, in: *Die Zeit* am 15.03.2020
   https://www.zeit.de/politik/deutschland/2018-03/pflegenotstand-jens-spahn-gesundheitsminister-aufwertung-pflegeberufe

3 »Euren Applaus könnt ihr euch sonst wohin stecken«, in: *Der Tagesspiegel* am 28.03.2020
   https://www.tagesspiegel.de/themen/reportage/berliner-krankenpflegerin-klagt-an-euren-applaus-koennt-ihr-euch-sonstwohin-stecken/25691690.html

4 »Wo die Regionalzeitung zehn Seiten Todesanzeigen druckt«, in: *Der Tagesspiegel* am 17.03.2020
   https://www.tagesspiegel.de/politik/coronavirus-krise-in-norditalien-wo-die-regionalzeitung-zehn-seiten-todesanzeigen-druckt/25651970.html

5 »Der Eid des Hippokrates«, zitiert aus: *ÄrzteZeitung* am 04.03.2020
   https://www.aerztezeitung.de/Politik/Der-Eid-des-Hippokrates-269137.html

6 »Pflegekräfte allein in der Nacht«, ver.di-Studie »Gesundheit und Soziales, 2015«
   nachzulesen unter:
   https://gesundheit-soziales.verdi.de/themen/mehr-personal/
   ++co++abc7d1a2-c16e-11e6-9424-525400ed87ba

7 »Oberschwester Kostüm. Sexy Krankenschwester mit Kleid und Haube«, zu finden zum Beispiel unter:
   https://www.maskworld.com/german/products/kostueme/theater-theaterkostueme-210/berufe-kostueme-uniformen/oberschwester-kostuem

8 »Diese sexy Kostüme finden Männer bei Rollenspielen richtig heiß«, *Nice Magazine* vom 05.04.2018

https://www.nice-magazin.de/diese-sexy-kostueme-finden-maenner-bei-rollenspielen-richtig-heiss/

9 »Studie über sexuelle Grenzverletzung am Arbeitsplatz«, auf der Charité-Seite vom 04.10.2018
https://www.charite.de/service/pressemitteilung/artikel/detail/studie_ueber_sexuelle_grenzverletzungen_am_arbeitsplatz/

10 »Giffey sieht Rückfall in traditionelle Rollenbilder«, in: *Focus* vom 06.05.2020
https://www.focus.de/finanzen/boerse/wirtschaftsticker/corona-krise-giffey-sieht-rueckfall-in-traditionelle-rollenbilder_id_11959137.html

11 »Charité-Rechtsmediziner: Wir sehen mittlerweile ›Corona-Suizide‹«, u.a. im *Focus* vom 18.05.2020
https://www.focus.de/gesundheit/news/rechtsmediziner-mahnt-michael-tsokos-wir-werden-eine-psycho-soziale-pandemie-erleben_id_11988295.html

12 »Neue Schätzung zur Krankenlast durch Krankenhaus-Infektionen«, Pressemitteilung des Robert-Koch-Instituts vom 15.11.2019
https://www.rki.de/DE/Content/Service/Presse/Pressemitteilungen/2019/14_2019.html

13 »Corona-Krise: Hunderttausende unterstützen Petition von Pflegekräften – Notstand droht«, u.a. in *Frankfurter Rundschau* vom 27.03.2020 / »Gemeinsamer Aufruf der Pflegekräfte an Jens Spahn«, ursprünglich zu finden unter:
https://www.change.org/p/covid2019-gemeinsamer-pflegefachkräfte-aufruf-an-jensspahn

14 »Versorgung bei Atemschutzmasken sichern«, Pressemitteilung vom Bundesministerium für Arbeit und Soziales vom 01.04.2020
https://www.kfv-ab.de/images/KFV/News-Presse/2020/Hinweise_zur_Wiederverwendung_von_Halbmasken_und_Mund-Nasen-Schutz_OP-Masken.pdf

15 »Umstrittenes Verfahren zur Aufbereitung von Atemschutzmasken«, Beitrag in der ZDF-Sendung »Frontal 21« vom 28.04.2020, 7 Min.
https://www.zdf.de/politik/frontal-21/umstrittenes-verfahren-zur-aufbereitung-von-atemschutzmasken-100.html

16 »Nationaler Pandemieplan, Teil 1 – Strukturen und Maßnahmen« des Robert-Koch-Instituts, aktualisierter Stand vom 02.03.2017
https://edoc.rki.de/bitstream/handle/176904/187/28Zz7BQWW2582iZMQ.pdf?sequence=1&isAllowed=y

17 »Bericht zur Risikoanalyse im Bevölkerungsschutz 2012«, Deutscher Bundestag, Drucksache 17/12051 vom 03.01.2013
https://www.bbk.bund.de/SharedDocs/Downloads/BBK/DE/Downloads/

Krisenmanagement/BT-Bericht_Risikoanalyse_im_BevSch_2012.pdf?__
blob=publicationFile

18 »Wir haben gemahnt und keiner hat uns gehört«, in: *Der Spiegel* vom 19.03.2020
https://www.spiegel.de/wissenschaft/medizin/corona-krise-hersteller-von-
schutzkleidung-greift-jens-spahn-an-a-dba397bb-d86b-4779-af8c-1912aebce7ac

19 »Gesundheitsminister sieht Versäumnisse bei der Maskenbeschaffung«, in: *Die Zeit*
vom 12.05.2020
https://www.zeit.de/politik/deutschland/2020-05/jens-spahn-coronavirus

20 »Grey's Anatomy effect: television portrayal of patients with trauma may cultivate
unrealistic patient and family expectations after injury« by Rosemarie O Serrone,
Jordan A Weinberg, Pamela W Goslar, Erin P Wilkinson, Terrell M Thompson,
Jonathan L Dameworth, Shawna R Dempsey, Scott R Petersen – veröffentlicht am
19. Februar 2018
https://tsaco.bmj.com/content/tsaco/3/1/e000137.full.pdf

21 Risikoanalyse »Pandemie durch Virus Modi-SARS«, S. 55 Bundestagsdrucksache
17/12051
https://dipbt.bundestag.de/dip21/btd/17/120/1712051.pdf

22 9. Karlsruher Verfassungsgespräch: »70 Jahre Grundgesetz – Deutschland in guter
Verfassung?« Rede des Bundespräsidenten Frank-Walter Steinmeier vom
22.05.2019
https://www.bundespraesident.de/SharedDocs/Reden/DE/Frank-Walter-
Steinmeier/Reden/2019/05/190522-Karlsruhe-Bundesverfassungsgericht.html

23 »Das Virus ist nicht weg«, u.a. *Tagesschau* Beitrag vom 21.04.2020 und
https://www.tagesschau.de/inland/rki-coronavirus-107.html

24 »Wie lange noch?« Prantls Blick, in: *Süddeutsche Zeitung* vom 05.04.2020
https://www.sueddeutsche.de/politik/prantls-blick-coronavirus-grundrechte-
1.4868817

25 »Ausweispflicht per Corona-Verordnung?«, u.a.: *Verfassungsblog* vom 29.03.2020
https://verfassungsblog.de/ausweispflicht-per-corona-verordnung/

26 dpa-Meldung vom 21. April 2020: »Seit 23. März schließlich gilt ein sogenanntes
Kontaktverbot, das zwischenzeitlich schon zweimal verlängert wurde und aktuell
bis diesen Sonntag (26. April) gilt. Laut der vom Senat beschlossenen Verordnung
müssen sich Berliner ›ständig in ihrer Wohnung oder gewöhnlichen Unterkunft‹
aufhalten.«

27 »Thesenpapier zur Pandemie durch SARS-CoV-2/Covid-19 – Datenbasis verbessern – Prävention gezielt weiterentwickeln – Bürgerrechte wahren« von Prof.
Dr. med. Matthias Schrappe Universität Köln – Hedwig François-Kettner Pflege-

managerin und Beraterin, ehem. Vorsitzende des Aktionsbündnis Patientensicherheit – Franz Knieps, Jurist und Vorstand des BKK Dachverband – Prof. Dr. phil. Holger Pfaff Universität Köln, Zentrum für Versorgungsforschung – Prof. Dr. med. Klaus Püschel Universitätsklinikum Hamburg-Eppendorf, Institut für Rechtsmedizin – Prof. Dr. rer. nat. Gerd Glaeske Universität Bremen, Version vom 05.04.2020
http://www.matthias.schrappe.com/einzel/thesenpapier_corona.pdf

28 ebd. Thesenpapier 2.0 Version vom 03.05.2020
http://www.matthias.schrappe.com/einzel/thesenpapier_corona2.pdf

29 »Pflegefall Pflegebranche? So geht's Deutschlands Pflegekräften«, Gesundheitsreport der Techniker Krankenkasse, S. 25, Juni 2019
https://www.tk.de/resource/blob/2066542/2690efe8e801ae831e65fd251cc77223/gesundheitsreport-2019-data.pdf

30 »Kurzarbeit trotz Rettungsschirm«, *Tagesschau*-Beitrag vom 22.04.2020
https://www.tagesschau.de/investigativ/ndr/krankenhaeuser-kurzarbeit-101.html

31 »Eine bessere Versorgung ist nur mit halb so vielen Kliniken möglich«, in: Studie der Bertelsmann Stiftung vom 15.07.2010
https://www.bertelsmann-stiftung.de/de/themen/aktuelle-meldungen/2019/juli/eine-bessere-versorgung-ist-nur-mit-halb-so-vielen-kliniken-moeglich#c161737

32 »Zum Verhältnis von Medizin und Ökonomie im deutschen Gesundheitssystem – 8 Thesen zur Weiterentwicklung zum Wohle der Patienten und der Gesellschaft«, in: Oktober 2016 / Diskussion Nr. 7, Hrsg. Nationale Akademie der Wissenschaft, Halle/Saale
https://www.leopoldina.org/uploads/tx_leopublication/Leo_Diskussion_Medizin_und_Oekonomie_2016.pdf

33 »Asklepios Kliniken Hamburg doch nicht an die Börse«, in: *Die Welt* vom 18.10.2007
https://www.welt.de/regionales/hamburg/article1277603/Asklepios-Kliniken-Hamburg-doch-nicht-an-die-Boerse.html

34 »Schwere Vorwürfe gegen Vivantes«, in: *Der Tagesspiegel* vom 02.06.2020
https://www.tagesspiegel.de/berlin/vertraulicher-bericht-wurde-oeffentlich-schwere-vorwuerfe-gegen-vivantes/22636684.html

35 *Abendschau*–Beitrag vom 04.06.2018
https://twitter.com/rbbabendschau/status/1003706233948434433

36 »So bekommen Pflegekräfte, was sie verdienen«, in: *Der Spiegel* vom 22.04.2020
https://www.spiegel.de/panorama/gesellschaft/coronavirus-und-pflegekraefte-applaus-allein-reicht-nicht-kommentar-a-00000000-0002-0001-0000-000170518562

37 *Das Institut für Arbeitsmarkt- und Berufsforschung* der Bundesagentur für Arbeit
    (*IAB*), »Entgelte von Pflegekräften«, 02. 04. 2020
    http://doku.iab.de/arbeitsmarktdaten/Entgelte_von_Pflegekraeften_2020.pdf

38 Umfrage des Deutschen Berufsverbandes für Pflegeberufe »Teilzeit als Ressource
    gegen Fachpersonalmangel?« vom 14.10.2019
    https://www.dbfk.de/media/docs/download/Allgemein/Broschuere_
    Teilzeitumfrage_2019-10_10_web.pdf

39 »Kanzlerin Merkel: Altenpfleger haben härteren Job als ich«, in: *Bild* vom
    16.03.2013
    https://www.bild.de/politik/inland/altenpfleger/haben-einen-haerteren-job-als-
    ich-29532004.bild.html

40 »Internationales Jahr der Pflegekräfte und Hebammen«, Pressemitteilung der
    WHO
    http://www.euro.who.int/de/media-centre/events/events/2020/01/year-of-the-
    nurse-and-the-midwife-2020

41 »Krankenschwester schreibt an Merkel«, *n-tv*-Beitrag vom 20.01.2017
    https://www.n-tv.de/panorama/Krankenschwester-schreibt-an-Merkel-article
    19601997.html

42 »Krankenhauspersonal bereitet belgischer Regierungschefin frostigen Empfang«,
    u. a. *aerzteblatt.de* vom 18.05.2020
    https://www.aerzteblatt.de/nachrichten/112956/Krankenhauspersonal-bereitet-
    belgischer-Regierungschefin-frostigen-Empfang

43 »Keiner will die Prämie zahlen«, in: *FAZ* vom 22.04.2020
    https://www.faz.net/aktuell/wirtschaft/corona-wer-soll-die-dankespraemie-fuer-
    pflegekraefte-bezahlen-16735544.html